如果生命是一則故事

策劃◎ 社團法人台灣生命教育學會
國立臺灣大學生命教育研發育成中心

主編◎ 范毓麟　繪圖◎ 蔡豫寧

U0072545

一生的功課──成為更好的自己

沈美華（新北市三民高中校長）

自己年輕的時候，就因為錯誤的價值觀、比較自我的生命態度及對事情的回應方式，以至於自己及身邊的人都很受苦，但因信仰的緣故，被上帝重新調整生命，也透過不斷的操練，生命變得充滿熱情、喜樂及盼望，連家人及同事都可以感受得到，給自己很正面的回饋，於是自己深深體會生命教育的重要性，也是孩子在學校最該學會的功課，更是每個人一生要學習的功課。所以無論在擔任主任或校長職務，透過各樣的方式，在校園推動生命教育，希望每個人都能有幸福的生活。

這一次很榮幸被邀請為這本書寫推薦序，便很認真地閱讀兩次，不僅幫助自己更清楚生命教育五大核心素養，也在許多觀念及做法上重新被提醒，原來自己很多時候仍會為求快速回應及解決問題，以致落入許多思考的陷阱，做出不夠周延的決定，所以自己成為這本書第一位受益的讀者。

這本書集結第一線生命教育工作的老師的智慧與經驗，將生命教育五大核心素養「哲學思考」、「人學探索」、「終極關懷」、「價值思辨」及「靈性修養」，改以「避免人生誤判」、「認識自己」、「如何

安頓心靈？」、「堅持美善不容易」及「忠於自己的抉擇」五大主題，變得白話易理解。本書以17則「精選故事」引發讀者興趣，並透過「引導思考」，來幫助讀者精確掌握故事核心，理解生命教育五大核心素養的意義，同時引導讀者深入思考，澄清許多的觀念，更能連結到現實生活經常面對的問題，引發共鳴。最後以「實踐手札」，提供具體方法步驟，讓讀者可以操練變成習慣、內化成價值，帶來真正的改變。

　　首先，我覺得這本書很適合成為生命教育課程補充閱讀教材，因為僅有一學期，且一週一堂的有限教學時間，絕對無法上完生命教育五大核心素養的課程，但這一本書可以提供學生自主閱讀學習，以深入淺出的方式引導學生思考，並提供實踐的方法與步驟，幫助學生以自我省察、思考或檢視等多元方式，透過刻意練習，進而改變思考模式及生命。其次，這本書也可以做為導師班級經營，提供全班共讀的生命教育書籍，一方面成為全班共同關注的話題，利用班會課討論、分享，讓班級同學更深認識彼此，另一方面可以全班訂定實踐的期程，彼此激勵提醒，一起成長。

　　真心推薦這一本可以幫助我們透過閱讀、思考，並付諸行動，進而改變生命的好書。

能近取譬，則近道矣！

游文聰（桃園市桃園高中校長）

生命教育是高中的新興科目，從95暫綱列為必選一學分，到新課綱成為部訂必修一學分，很高興能躬逢其盛，95學年我初任校長，從此與生命教育結下不解之緣。個人的辦學理念，以生命教育作為辦學主軸，將生命教育理念，經由正式課程、非正式課程、潛在課程融滲其中，形成校園文化，以期達到潛移默化之功效。在羅東高中8年校長任內，教育部指派接任生命教育學科中心，負責生命教育課綱的宣導，教材教案的研發，校長、主任的生命教育研習，種子教師培訓，教師進修的辦理等。為能增益生命教育專業知能，個人也報名參加台大生命教育第二專長師資培訓班。轉任桃園陽明高中後，承國教署委託擔任生命教育資源中心學校，推動生命教育校園文化特色學校培訓工作，遴選有意願學校，長期培訓增能，發展特色課程，形塑具生命教育特色的校園文化。

在推動生命教育這些年來，一直苦於生命教育的優質教材難覓，新課綱生命教育領綱，提出生命教育的五大學習重點，作為教師課程發展的依據，雖然坊間多有以生命教育為名的相關著作，但能結合課綱編輯者極少。如今有台灣生命教育學會與臺灣大學生命教育研發育成中心合作企劃，邀集專家學者及生命教育的現場教師，編纂這本《如果生命是一則故事》文選，作為教師教學、學生自學參考之用，實乃推動生命教育的一大福音。

這本文選依據五大學習重點，各選三到四個古今中外具有代表性的故事來闡釋，為能結合學習重點，可以看到作者們對故事的編選煞費苦心。更令人欣喜的是，在故事之後，有引導思考專欄，將故事內容作一提點，讓讀者能更為聚焦，所引用的古今賢哲智慧文句，更是切中肯綮，具有提綱挈領之效，讓人印象深刻。生命教育的目標在於知行合一，每篇最後的實踐手札，更見此書的慧心獨具，根據故事內容，結合學生現實生活情境，配合重要時事，設計符合國、高中生發展階段的題目，可作為日常生活的省思與實踐參考。本書的編輯方式，正是哲學思考學習重點的正面示範。

孔子：能近取譬，可謂仁之方也已。大學：知所先後，則近道矣！本書以故事的形式呈現，讓人能近取譬，而不流於空洞；依據學習重點編寫，層次分明，論述有據，必能引導學子，深體生命教育的宗旨。我已決定將此書購贈全校教師，並做為班級讀書會的重要讀本。期盼今後有更多此類作品出現，必能對生命教育的推展大有助益。

思索生命的意義與價值

在台灣生命教育學會與臺灣大學生命教育研發育成中心的號召下，匯聚了全台各地的熱血教師：錢永鎮主任、馮珍芝老師、吳瑞玲老師、陳海珊校長、錢雅婷老師、顏映帆老師、洪滿山老師、許雯慧老師、魏本洲校長、王純瓊老師、蔡孟容老師和李鎮如主任，一同參與這次《如果生命是一則故事》的編纂。

回首過去這一年多的時間，伙伴們在臺大會議室內一同度過了許多個假日，每每從晨曦初露，一路忙到星月高掛，才能緩緩步出校門。討論的過程中，熱血的伙伴們總能相互協助：在絞盡腦汁時及時貢獻點子；在心力交瘁時立馬補充能量飲食；在電腦鬧脾氣時即刻神救援。偶爾，在學校工作上遇到了瓶頸，資深的老師們總能提供心靈雞湯，並暖言勸慰後輩，讓大夥能再次找到勇敢向前的動力！

因此，編輯的過程看似辛苦，但在會議結束的時刻，大夥的心靈總是充滿正能量，懷著滿滿的感動離開，進而繼續隔天的校務工作。

本書依照普通高中生命教育科的五大核心素養來選輯，總共17篇古今中外的故事，並透過引導思考與實踐手札，引領讀者思考故事中傳達的生命意義。

除了實際創作的編輯夥伴，這裡還要感謝台灣生命教育學會與臺灣大學生命教育研發育成中心的行政團隊，協助編輯團隊處理所有的行政瑣事，在此致上深深的感謝。

特別感謝平鎮高中的吳瑞玲老師，在編輯排版與實踐手札的設計過程，提供了相當多的協助，常常在眾人腸枯思竭之際，及時提供創新靈感，為大家點起一盞明燈，在此致上衷心的謝意！

最後，感謝幼獅文化圖編部，在文字校閱、美編設計與文題發想，提供了不少協助，才能讓這本故事集呈現在各位眼前。我們深切地期待讀者們在閱讀過後，能夠透過不同面向的引導，思索生命的意義與價值，進而協助自我成長、圓滿人生！

范毓麟

目錄

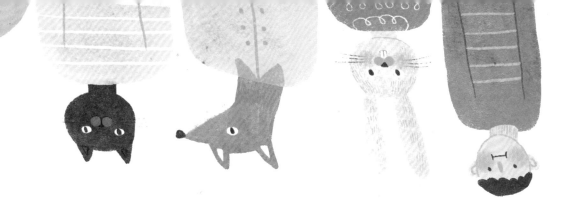

避免人生誤判

過去我曾經得罪了某些人，或是相信
了某些謠言而做了某些錯誤的判斷。
到底我們是怎麼相信又怎麼想的呢？
真的好想了解其中的原因喔！

巫師的氣象預報

撰文：洪滿山

十世紀初，在某個深山裡，住著好幾群原住民部落，他們過著十分傳統的生活。每年冬天來臨的時候，各部落頭目都需要向住在深山裡的大巫師詢問：「今年的冬季會不會很冷？」好讓部落裡的族人提早準備過冬用的柴火。

由於前任的大巫師突然過世，所以由他剛剛成年的兒子繼位。因為尚未熟練天氣預測的技巧，所以面對來訪的某部落頭目，心虛的他只能保守的跟對方說：「今年的冬季可

能會比去年冷一些，你們可以多撿一些柴火。」得到這樣訊息的該頭目，便回去要求自己的族人，要提早準備過冬的事宜。

過了幾天之後，心虛的新巫師左思右想，覺得應該要想辦法得

到其他的參考資料，所以他決定打電話到氣象局求助。

　　「請問一下，關於今年冬天的氣溫，你們預測會很冷嗎？」

　　「根據我們這幾天觀察到的訊息顯示，可能會有點冷。」電話那頭如此回應。

　　因為得到這樣的訊息，巫師稍微放下心中的大石頭。幾天之後，面對另一頭目的到訪，他便語氣肯定的告訴對方：「今年的冬季是寒冷的。」於是，該頭目便回到部落，也要求族人要加緊撿拾柴火。

　　又過了幾天之後，還是有點擔心的巫師，便再度詢問了氣象局一樣的問題。

「是的。」電話那頭如此回應：「根據我們最新的觀察資料顯示，今年肯定會是個寒冷的冬季。」

　　「好的！如果有進一步的更新資料，可以麻煩你主動跟我聯繫嗎？」巫師把電話留給了對方。

　　得到進一步肯定訊息的巫師，在面對接下來到訪的眾多頭目，都跟他們強調：「今年的冬天會非常寒冷！」所以，頭目們回到部落後，都督促著族人加緊收集柴火。因為大家都在收集，所以不管是乾的、溼的，甚至是還長在樹幹上的樹枝，都被砍下來晒乾，整個山區彷彿陷入了一場柴火收集競賽。

　　在所有的頭目都諮詢完畢之後，巫師也出訪各個部落。

看到所有家庭都堆滿了過冬用的柴火，回到家後的他，滿意的為自己點上了一管煙。

　　這時候，電話響起。「您好，這裡是氣象局預報中心，我們要告訴您最新的觀察資料。今年肯定會是有史以來最寒冷的冬天！」

　　「是喔，感謝您告訴我。」巫師突然想到，應該要跟對方學習氣象預測方式，以免來年遭遇一樣的困境。便補問了一句：「可以請你告訴我，是怎麼預測冬季氣溫的嗎？」

　　「很簡單啊！」電話那頭回答：「只要觀察山區的原住民部落，根據他們過冬柴火的收集情況，就可以預測冬季的氣溫啦！」

天氣預測誰說得準？

在看完這個故事之後，我們多半會有一股令人錯愕的矛盾感並會心的一笑；但是當我們靜下心來、反覆思索之後，就能察覺到故事中的邏輯思考謬誤之處。

故事中部落的族人為了過冬，需要推估撿拾柴火的數量，所以求助於巫師對於天氣的預測；而巫師為了確認天氣預測的準確度，進一步尋求氣象局的幫助。沒想到的是，原來氣象局的預測，是根據部落族人撿拾柴火的積極度。故事裡的矛盾感來自循環論證（circular argument），一般而言是前提中包含了未經證明或解決的問題，而形成迴避主題正確性的謬誤。

而故事中的頭目、巫師或是氣象預報員，遇到氣象預測的難題，都會尋求自己心目中「權威」的幫助，殊不知任何推論的正確性都應該由證據的充分來決定；而不是將權威說的話皆當成正確，這就是訴諸權威謬誤（Appeal to authority）。例如：現實生活中，我們經常看到許多愛美的女性消費者，因為接觸到彩妝大師推薦

的化妝品廣告，就以為用了這些商品，便能跟明星一樣美豔動人。其實相反的，這些女明星是因為她天生的外在條件過人，如果我們把這些女明星美麗的容顏，誤當成是使用化妝品的結果，那就陷入了思考謬誤當中。

所以，當我們下次又在媒體上看到某彩妝大師宣傳保養品、某運動明星宣傳球鞋、某財經專家宣傳投資方法等，我們最好動動頭腦，想清楚事情的真相，不要將他們與生俱來的某項天賦，當成他們使用產品之後的結果。這樣才不會讓自己花了大量的金錢與時間之後，還落得一場空。

蘇格拉底：「未經省思的人生不值得活。」

現實生活中，新聞報導是我們了解「世界發生了什麼？」最普遍的管道，我們也很自然會相信新聞報導就是真實的訊息，像故事中的巫師一樣，求助氣象局。想想看，你是否具備判斷能力，不會被假訊息騙倒，還是會被牽著鼻子走呢？

我們身邊的假新聞
● 回想一則你聽過或看過的假新聞，簡單敘述一下。

● 當初這則新聞中有什麼特別吸引你的地方？(例如：字句、圖片等)

● 你有將假新聞傳播出去嗎？結果？

訊息就像火車，往往來得很快，站在平交道前的我們
要保持一顆理性的心，才不會默默就被誤導囉！

別讓自己被騙倒

如果我們看到一則新聞或訊息，怎麼知道是真是假呢？

● 若是它使我們產生一些情緒……
  □驚訝、感覺有趣
  □害怕、創造恐懼
  □反感、傳遞負面印象或仇恨
  □其他：

  _____

  _____

● 這時可以遵照停、看、聽三步驟來檢核：

  停 暫停想馬上分享給別人的心情

  看 仔細看看新聞是否來自可靠的來源？標題與內容一致嗎？

  _____

  _____

  聽 Google看看，是否已被證實是謠言？或是將新聞或訊息向專門查證的單位，例如：LINE群組「真的假的」、「蘭姆酒吐司」等查詢。

吳鳳的傳説

撰文：吳瑞玲、許雯慧

5 0～90年代的小學課本，有這樣的一篇故事：200多年前，有一位叫做吳鳳的阿里山官員，因為他很關愛原住民，所以深受他們的愛戴。

在當時，原住民有獵人頭獻祭的文化，吳鳳認為這件事太過殘忍，想革除這項惡習。正好，原住民在前一年獵的人頭有四十幾個，吳鳳建議他們以後每一年用一個，就不用一直獵人頭了。

經過了四十多年，祭祀用的人頭已經用完了，原住民們向吳鳳請求允許他們獵人頭，吳鳳則勸說因為祭祀而殺人不好，一延再延。

隔了幾年，原住民又前來要求說：「我們再也不能等了。」

　　吳鳳回答道：「明日早晨，會有一位戴紅帽穿紅衣的人經過這裡，你們可以殺死他，取得人頭。但僅此一次，不然就會有天災發生。」

　　翌日，原住民們聚集在所約定的地點，果然看見一位戴紅帽穿紅衣的人。

　　等候的原住民馬上殺了此人，取下頭顱一看，竟然是吳鳳！原住民悲痛欲絕。

　　此後，原住民奉吳鳳為神，並且發誓以後絕不獵人頭，一直到現在。

生活中的偏見

　　看完吳鳳的「故事」之後，你是否覺得他的犧牲很偉大？而故事中阿里山的原住民很落後呢？你知道這樣的「偏見」可能是刻意造成的嗎？這一則故事從日治時期就被列入小學課本中，但是在1989年被刪除了。

　　故事的主角「吳鳳」真有其人，他是清治時期的嘉義通事，當時的文獻中記載他「犧牲自己以革除原住民出草習俗」。後來日本統治初期，將吳鳳的事蹟塑造成「寬大」、「仁慈」、「義士」的形象，並廣獲官方的推崇，除了將吳鳳事蹟拍成歌舞劇，還指定納入小學教科書教材。目的是藉此形塑原住民未受開化的野蠻形象，造成一般民眾對他們的「偏見」，希望能壓制原住民，並開採臺灣廣大的森林資源。

　　這樣偏見的觀點持續到了1980年，終於出現轉機。陳其南教授在報章上發表了一篇文章，考證吳鳳犧牲的事蹟其實是後人捏造的，引發廣泛討論，再加上之後原住民反抗歧視的運動興起，抗議吳鳳的神話醜化原住民的形象。他們認為

吳鳳是侵佔原住民權益的奸商，並主張原住民是為反抗壓榨才殺害了吳鳳。所以後來政府刪除教科書內和吳鳳相關的故事，內政部也將吳鳳鄉更名回阿里山鄉。

因為政治考量，吳鳳被塑造成傳奇故事，當中涉及的種族偏見、歧視，造成人民有錯誤的認知。除了對原住民的偏見之外，臺灣其實還存在某些對其他族群刻板的印象，比如說：在電視節目、電影中操本省口音的，多為地痞流氓、客家人就是吝嗇小氣等等，都是目前臺灣還普遍存有的族群偏見。

「偏見」常常不知不覺的出現在生活中，如果我們想消除對他人的偏見，平時可以更審慎觀察他人言行，不妄下斷言。當我們用實際行動去改變自己對他人的看法時，社會也將會更加和善。

實踐手札

宋叔和：「敏於觀察，勤於思考，善於綜合，勇於創新。」

偏見可能是不自覺的，但我們仍然可以透過觀察、思考，增進自我反省的能力，進而拿掉心中的偏見，讓我們用以下的活動來練習看看吧。

思考下面的選項，有哪些選項是容易有偏見的，請勾選出來，並舉一個實際的例子。

☐種族：

☐性別：

☐年齡：

☐國籍：

☐職業：

☐身材：

☐服裝：

☐專業：

☐飲食：

☐藝術：

☐慣用手：

你覺得偏見會不會給我們帶來一些困擾或益處？

例如：可以察覺一些危險或者不用花太多時間思考

你認為「偏見」有可能完全從我們的腦中消除嗎？原因是什麼呢？

偏見偵探三部曲，請問你到哪一步？

● 事實還是感覺？

● 部分個案還是整體狀況？

● 有沒有帶入個人情緒？

三個篩子

撰文：洪滿山

某一天，古希臘哲學家蘇格拉底的一位學生非常興奮、氣喘吁吁的跑來找他的老師，一見面開口就說：「老師，我告訴你一件意想不到的事⋯⋯」

蘇格拉底打斷他的話，反問這位學生：「你想告訴我的事情，有用『三個篩子』先仔細過濾了嗎？」

學生當場就愣住，不解的搖搖頭。

蘇格拉底說道：「當你要告訴別人一個消息時，至少要用三個篩子先好好過濾。第一個篩子叫做『真實』，你要告訴我的事有確定是真的嗎？」

「沒有，我是剛剛在街上聽大家說的，我也不知道是真是假？」

「那你就應該再用第二個篩子去過濾，如果不是真實的消息，至少也應該是『善意』的，你要告訴我的事是善意的嗎？」

「不，正好相反。」學生低下頭來，羞愧的不敢面對老師。

蘇格拉底繼續說：「那麼我們再一起用第三個篩子來過濾檢查，你急急忙忙跑來要跟我說的事，『重要』嗎？」

「其實不太重要……」

最後蘇格拉底說道：「既然這件事不重要，又不是出自善意，更不知道是真是假，又有什麼說的價值呢？說了也只會徒增困擾罷了。」

小心！轉發的是謠言

　　蘇格拉底曾說：「不要聽信搬弄是非的人或誹謗者的話，因為他不會是出自善意告訴你的，既然會揭發別人的隱私，當然也會用同樣的方式對待你。」因此，他訂出了說話前的「三個篩子」，不做始作俑者，當然也不要受人利用成了是非的傳播者。

　　從有人類以來，謠言就一直存在你我周圍。何謂「謠言」呢？其實就是我們常說的「小道消息」或「聽說」。早期的謠言只會透過親朋好友聊天傳播，不會擴及無關的他人；可是因為網路的誕生，謠言可以藉由網路迅速複製傳播，不受時空環境的限制，更

可以加上圖片和影像，使尚未求證的訊息更加繪聲繪影且不會消失。

　　活在網路世代的我們，或許在不知不覺中成為加害者。我們為什麼對「八卦」這麼感興趣？為什麼這麼相信「無風不起浪」？當有人向我們說同學的壞話時，我們會反問：「這是真的嗎？」又需要有多少勇氣才能反問：「你說這些是善意的嗎？」

　　小道消息瘋傳的背後，存在著「訴諸群眾謬誤」：當我們接收到一則資訊，往往會因為有很多人轉發而讓我們認為這則訊息是正確的。這樣的現象即為「從眾」──為了不讓自己被孤立，每個獨立的個體，願意讓自己與其他多數人的行為、想法和判斷相同的現象。

　　要防範網路謠言的出現，不能只靠公部門的力量。身為網路使用者的我們，更須要求自己查證來源；如果需要運用任何資訊，更要進一步對其真實性查核。我們每個人都要對網路謠言有著「不製造、不散播、不轉寄」的態度，在面對這些資訊時須思辨：「是否為事實真相？是否有善意解讀？是否重要？」在針對訊息有所回應前，都能先靜下來多想幾分鐘，將「網路的力量」運用在真正需要的地方。

華羅庚：「獨立思考能力，對於從事科學研究或其他任何工作，都是十分必要的。在歷史上，任何科學上的重大發明創造，都是由於發明者充分發揮了這種獨創精神。」

獨立思考也是對付謠言最好的武器，有許多人甚至因不實的謠言而走上絕路；謠言止於智者，現在讓我們一起練習如何能夠對「訴諸群眾謬誤」產生免疫。

在報紙上找一則新聞或是網路上看到的一則消息，看看能不能通過三個篩子的考驗？

□真實

□善意

□重要

通過了就值得分享出去！

請運用「三個篩子」的概念來思考，設想我該如何避免自己在網路或人際相處中的發言，不會「隨便聽信是非、傳播別人隱私，帶給別人難以抹滅的傷害」？

當你自己被謠言困擾時候，心情會是如何？請勾選。

☐生氣

☐失望

☐沮喪

☐焦慮

☐憂鬱

☐其他：

_____

之後你會有什麼反應呢？請勾選。

☐不理會

☐到處找人澄清

☐去尋找謠言的源頭

☐也開始散播對方的謠言

☐其他：

_____

假設有一天，你聽到朋友或同學間流傳著關於其他人不實的謠言，你會怎麼做呢？

故事 4

深山的小和尚

撰文：魏本洲

這是一個發生在深山裡的故事，有一座老寺廟，住著方丈與幾位和尚。

每一天的開始就是完成各自的打掃工作，其中一位小和尚負責寺廟內外的清潔。這一天，小和尚特別早起，很有效率的把寺廟打掃乾淨，心想，方丈看到這麼乾淨的環境，一定會稱讚我。掃完後，覺得有點疲倦，便在大樹下的石椅上休息。方丈剛好在那散步，看見小和尚在樹下打盹，不由得火冒三丈，便前去給了他一棍。

小和尚摸摸頭，心中頓時閃過幾個念頭：

「好痛，方丈為什麼要打我而不是稱讚我？我又沒做錯什麼？」

「但方丈平時不會亂打人，所以方丈是想告訴我什麼？」

「如果我真的做不好，那我再做一次好了。」

最後，小和尚決定將整座寺廟重新再打掃一遍，打掃完後看到自己的傑作，想想自己是唯一能一大早把寺廟打掃兩遍的人，越想越得意。

成為願意思考的人

　　人的思考會受到情緒、主觀意識、成見、私心、意識形態等因素的影響，因此需要利用後設思考，以檢視自己的思路：「我感受或知道了什麼？」、「我是怎麼知道的？」、「我當下的心智狀況如何？」小和尚從一開始的生氣，到後來選擇心平氣和的再打掃一次，這就是後設思考的歷程。

　　羅素說：「很多人寧願死也不願思考。」因此我們可以

得出一個結論，一個人進行思考的質與量，決定了他生命的深度與品質。

　　良好的思考素養，有助於減少生活上不必要的困擾，仔細思考自己與他人想法上的差異，檢視自己的錯誤、或是提出讓別人理解的說法，對症下藥解決困難，都是人生的重要課題。反覆思考自己的思考，能引導自己去關注與探索生命中各種議題，從經驗的反思、理性的思辨以及自我覺察中，追求生命的學問、生命的智慧，並且涵養自己成為一個能對他人感同身受的人。

歌德：「所謂真正的智慧，都是曾經被人思考過千百次；但要想使它們真正成為我們自己的，一定要經過再三的思考，直至它們在我個人的經驗中生根為止。」

　　願意思考是我們進步的先決條件，如此，我們才會去觀察、蒐集資訊、查驗事實，最後得到正確的道理或做出正確的決定。故事中的小和尚就是經過了一段時間的思考，把原本一場誤會轉換成一個更好的結果。

思考的歷程練習
現在到處充斥著所謂的懶人包，雖然方便但也養成我們缺乏耐心、無法慢慢思考的習慣。因此培養自己能「後設思考」是很重要的練習，以下讓我們來進行兩個「後設思考」的練習。

● 假設你像故事中的小和尚，莫名其妙被錯待了，該怎麼辦？以下的
　 思考歷程可以給你一些幫助，讓你最終可以有最適當的決定。

我的感覺或心情如何？

_____

我知道了什麼？

_____

我是怎麼知道？

_____

我想做些什麼？

_____

● 對自己的言行舉止進行一些思考，用一系列有次序的思考歷程來幫助自己。

我是否經常回顧反思自己的思想、行為？

_____

我的思考有帶給自己或他人什麼好處？

_____

有哪些方法可以幫助我進行自我反思？

_____

思考是需要耐心跟時間的，可惜現在生活的節奏往往就是缺少這兩樣，但我們對自己的心智是有主控權的，這份主控權可以讓我們學習思考，而不是凡事都憑著情緒或直覺反應，透過思考歷程的練習，你一定會慢慢對自己跟環境有更多不一樣的收穫。

認識自己

知道人是什麼，才知道如何做人。

認識我是誰，會更清楚可以如何過我的人生。

當心中除了我以外還有他人，生命更趨豐富完整。

狼童卡瑪拉

撰文：王純瓊

1921年在印度的山區，有人發現了兩個與狼群共同生活的女童，大的約8歲，小的約1歲半。他們被發現後，帶回了人群中並被安置在孤兒院裡受照顧。大的取名為卡瑪拉，小的為阿瑪拉，但阿瑪拉在不久後就因為痢疾死亡。

卡瑪拉雖然回到人群中生活，但生活習性卻依然像狼一樣：喜歡吃生肉、晝伏夜出、四肢著地、叫聲像狼嚎，無法使用人類的語言。卡瑪拉不洗澡，不喜歡和人接近，總是警戒的躲到角落或隱藏起來，如果有人要靠近她，她就會發出如野獸般的叫聲，甚至出現咬人或攻擊人的動作。

和大家生活了一年半以後，卡瑪拉開始挺起身子用雙腳走路，也開始用手端盤子吃東西。4年以後比較能聽懂人的語言，並學了幾個字，例如：「吃、來、要、不」等。她的語言能力發展得很慢，到13歲只會用30個字左右，14歲也才

會多使用15個字，偶爾正確的說出極簡單的句子。

　　漸漸的，她適應了人類的習慣，在白天活動，晚上睡覺，對別人產生依賴，被人稱讚時會顯得高興，表情豐富些了，開始學習吃烹煮過的食物，還能幫忙看顧小嬰兒。15歲的卡瑪拉，心智年齡約莫等於2歲的兒童，但是語言能力因為錯失了發展黃金期而受到很大的限制。

　　卡瑪拉剛被發現時，具有的是人的外表，行為卻像隻狼，但卡瑪拉在孤兒院將近10年的時間裡，慢慢的適應人的生活習慣，學習人類的語言，並漸漸融入了人類的互動模式；雖然很多時候，與狼群一起生活的野性行為，仍使她在人群中顯得奇異，但卡瑪拉由外而內慢慢的從所謂的狼童變成人，直到17歲染病而過世。

如何成為真正的「人」？

　　我們如何判斷卡瑪拉是人或者非人？除了從外表來做區分外，還有什麼條件、特質可以讓我們來做判別？

　　我們看見外表具有人形者，理所當然先以「人」來定義他，但對於「人應該是怎樣的」期待，卻遠遠大於徒具人形（自然人）而已。若以基督宗教的人學來看，人與萬物皆由神所造，人類除肉身及本能外還具有理性與靈性，能在生活經驗中建構社會文化與行為規範，上帝並賜予人類超越萬物並能治理世界的能力。

　　這看起來獨厚人類，使人優於動物，然而透過實驗與觀察，卻發現動物也有其相互溝通的語言、能思考、具有群性，甚至能運用工具解決問題，只是我們不懂得動物世界的運作。那麼，什麼是人的獨特性呢？什麼讓人從萬有中突顯出來？

　　從人學的探索中看來，人具有理性與道德判斷能力；人能超越本性來延宕或犧牲需求，以滿足群體或者他人的利益；人能發揮創意並勇於探索嘗試，以追求任何的可能性。

這些都是動物所沒有的。

　　從道德能力發展來看，在皮亞傑或柯爾柏格的道德發展理論，都提到了人類的道德能力發展是在與他人的互動關係中形塑起來，由外在服從往內在約束，透過生活事件省思、驗證的機會，來提升道德能力。我們學習與他人互動，透過教育、省思與實踐，追求更良善的自己；創造制度、改變環境以符合人類對舒適生活的期待，這是人的無限性。但卻也得面對人的「有限性」，舉凡語言、肢體發展、神經迴路等，一旦錯失了「關鍵期」，人的發展也將受限，故事中的卡瑪拉就是如此。

　　從全人發展的角度來說，人並非僅身、心與群性的發展而已，還有一塊「靈性」成長的需求，這是使人趨向「全人」的重點，也就是個「有人味的人」。靈性發展需要以生活事件為素材，透過信仰或者深刻的哲思來提昇。再者身、心、靈是互相影響的，身心不健康時，靈性發展常常也受到阻礙，例如：荷蘭的知名畫家梵谷（Vincent Willem van Gogh）就是飽受精神疾病的影響，而阻礙了靈性的發展。在他清醒時，他能做到自我覺察、自我要求，他曾說：「當我離開巴黎，我肯定自己有病要發作，雖然我已經戒酒、戒菸，病魔仍不放過我，我很清楚感受到，天啊！我感到絕望

與疲倦！」但是當他發病時，他無法抵抗疾病所帶來的痛苦，開始向本能妥協，便又開始酗酒，他形容當時的心境說：「如果腦內暴風雨不停止，我只好再喝一杯，麻木自己一下。」這使得他的病情越發嚴重，阻礙了靈性自覺，也越來越無法保有自我。

狼童故事裡的卡瑪拉，被帶回人群中生活後，經過一段時間的適應，開始學習人的語言、生活習慣與互助互利的行為，攬鏡自照並參照他人，卡瑪拉逐漸趨向於人，可惜她只活到17歲，我們無法判斷她能否做到身、心、靈的整合。然而，豈止卡瑪拉，我們每一個人，都應該朝向身心靈成熟與整合的全人而努力。這全人素養的培育，需要在「關係」裡成全，需要在省思與實踐中成就。

人可以渾渾噩噩過日子，也可以活得有滋有味，充滿新奇充滿愛，讓我們對世界保持好奇，對自我保持覺察，對他人保持善意，對未知保持開放，讓這有限的人生，充滿無限可能。

赫胥黎：「人儘管生活在時間之中，卻應追求永恆，要努力放棄肉體的享受，而堅持精神的水準。」

　　我是誰這個大哉問，進而延伸成另一個大哉問：「人到底是什麼？」我們或許很難給出答案，但我們可以發揮人與生俱來的善意與好奇心，讓這個世界更美好，或許就是對這兩個大哉問最好的回答。

請問你如何證明自己是個人，而不是其他生物呢？(像「能吃能睡」就不能算是正確的回答，因為許多動物也一樣能吃能睡，想想身為人類你有什麼特別之處。)

身體上：
_____

生活方式上：
_____

情緒心理上：
_____

其他：
_____

想想你跟別人有什麼不一樣？有什麼特質是你獨有，而別人沒有的？

人際關係上：_____

外表上：_____

生活習慣上：_____

過去經驗上：_____

個性上：_____

其他：_____

_____

_____

_____

_____

新新人類即將誕生？

首例！沙烏地阿拉伯授予機器人公民身分

由漢森機器人公司（Hanson Robotics）製造，名為「蘇菲亞」（Sophia）的女機器人，近日在沙國首都利雅德的「未來投資倡議」大會（Future Investment Initiative）中被授予沙烏地阿拉伯公民身分。

● 你認為AI（機器人）可以算是人類嗎？為什麼？

_____

_____

_____

_____

● 你認為AI（機器人）有可能取代人類嗎？你的理由為何？

_____

_____

_____

_____

渾沌開竅

撰文：錢永鎮

南海之帝為儵，北海之帝為忽，中央之帝為渾沌。儵與忽時相與遇於渾沌之地，渾沌待之善。儵與忽謀報渾沌之德，曰：「人皆有七竅 以視聽食息此獨無有，嘗試鑿之。」日鑿一竅，七日而渾沌死。（出自《莊子‧應帝王》）

從前，南海的帝王叫做「儵」，北海的帝王叫做「忽」，中央的帝王被稱之為「渾沌」。某天，儵和忽一同到渾沌所居住的地方相聚，受到渾沌熱情的款待，為了回報渾沌的招待，兩人私下商量說：「你看，我們每個人都有眼、耳、口、鼻七個竅，因此才能看到、聽到、飲食和呼吸，唯獨渾沌卻一個也沒有，不如我們為他鑿開這七竅吧！」於是，儵和忽用工具每天開鑿一竅，七天後雖然七竅開成，渾沌反而死了。

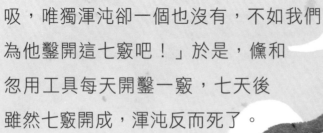

保持「赤子之心」待人

本故事摘自莊周先生所著的《莊子》，莊周是一個很有想像力的人，想讀懂他的故事，也要發揮你的想像力。現在試著想像故事中的幾個情節：

1. 渾沌沒有七竅，他用什麼跟別人互動？
2. 渾沌每開一竅就接近死亡一步，這過程究竟發生了什麼事？
3. 儵帝與忽帝對「人」的定義跟渾沌不同，彼此之間會有什麼對話？

其實有更多的想像可以提出來，這也是一種讀《莊子》的樂趣。

接下來試著來想一想渾沌的故事，它的寓意何在？渾沌沒有七竅時，熱情的接待儵帝與忽帝，看起來像可愛的小孩，用「真心」去對待遠方來的人。儵帝與忽帝為了報答渾沌的善意，便開始為他開七竅。當渾沌第一天開了第一竅，比如說眼睛，他可能開始察言觀色或是比較來訪者的外表衣著，也可能看了帶有「偏見」的資訊，這時心裡產生了「比

較」與「計較」的心理，那內在的某部分「真心」就可能漸漸消失。到了第二天開了第二竅，比如說耳朵，他可能只想聽好話，無法聽真話，有時還會選擇的聽、誤解的聽，越聽跟別人的距離越遠。這樣一路「開竅」下去，七竅開成，渾沌的真心與善心大概也「死」了。

　　儵帝與忽帝認為每個人都依賴七竅活著，所以要幫渾沌開七竅。儵帝與忽帝看到的是人的外在，而渾沌呈現的是人的內在，渾沌不依賴七竅跟人交往，他用自己的「赤子之心」待人。就如老子所說：「專氣致柔，如嬰兒乎？」意思是說人須全其本性，保其天真，能像嬰兒般的純樸。換個角度看，嬰兒也是七竅未開，當嬰兒慢慢長大，大人為他開了七竅，可能他的「天真善良之心」就死了。

人藉著「七竅」活著，也藉著「七竅」去認識與理解這個世界，在一般人的經驗裡，會發現自己沒辦法看到很遠的地方，也不能聽到頻率太高及太低的聲音，連嗅覺與味覺也都有一定的限制。可是人們卻十分相信藉由感官所認識的世界，以為這是世界的全貌。殊不知人類不能觸及的外在世界更寬更廣，人類看到的世界只有自我的觀點與世界的一小部分，這說明了人的「有限性」。

　　倘若人不受限於七竅，發揮人類獨有的想像力與智慧，才能突破人的「有限」，去擴展人的「無限」。有了七竅，就想要知道世界的「已知」，可是世界還有太多的「未知」，等我們去發現。所以不管對人對事都能像渾沌一樣，保持「無知」的狀態，就能開創無限的可能性，也許這是莊子想要告訴我們的道理。

實踐手扎

《小王子》：「這是我的一個祕密，再簡單不過的祕密：一個人只有用心去看，你才能看見一切。因為，真正重要的東西，只用眼睛是看不見的。」

對於這句話，你贊同嗎？讓我們也保持著對這句話的無知，一起來探索看看，什麼是真正重要的。

你會用什麼標準來判斷一個事物重要或不重要？
例如：能否激發熱情？

_____

_____

_____

_____

_____

_____

這些標準有哪些是具體的？哪些是看不到的？

_____

_____

_____

_____

對於看不到的事物，你要如何用具體行為去體察它們的重要性？

_____

_____

_____

_____

故事3

旅人與死人

撰文：蔡孟容

有個旅人獨自夜宿於廢棄空屋，睡夢中聽見一陣爭吵，睜眼看竟是兩個鬼在互搶一具死人屍體，大鬼抓著死人的右手說：「是我把他扛來的，你竟敢跟我搶！」小鬼抓著左手說：「是我先看到的，本來就該歸我！」旅人嚇得倒抽一口氣，面目猙獰的大小鬼聽見聲音後同時轉向旅人。

大鬼質問旅人：「你說，這屍體應該歸誰？」旅人心想大鬼力氣比較大，還是不要得罪他比較好，因此指著大鬼

說：「是你扛來的。」沒想到小鬼聽見這話，氣到上前扯下旅人的右手摔在地上，原本氣憤的大鬼看著也起了玩興，接連的把死人跟旅人的四肢、五臟六腑都扯下互換，兩隻鬼把擁有旅人四肢與內臟的死人吃掉後，一溜煙的消失在屋裡，留下嚇壞的旅人。

　　旅人行屍走肉的走在路上時，一位智者攔下了旅人問：「你是誰？你從哪裡來？」旅人將發生的事全告訴了智者，並問：「我原本身體已經被吃掉了，現在的這個軀體是別人的，我還是我嗎？還是我已經死了呢？我是誰？誰又是我？……」智者聽完後說：「……」

認識「我是誰？」

咚的一聲，自我就出現了？

　　你認為智者會如何回應？如果旅人遇到的人信奉佛教，他可能會對旅人強調「無我觀」，意思不是沒有自我，而是希望人不要執著於自我，也就是不要有「我執」，因為一旦有「我執」就會產生許多煩惱，例如：這是我的，怎麼可以給別人？為什麼他有我沒有？我原本是這樣，現在怎麼會變那樣？佛家認為總是執著於「我」，會徒增煩惱、限縮我們面對世界的眼光。

　　如果智者是其他領域的專家，他又會怎麼回應呢？古今中外各方哲學、心理學、醫學、神經科學家都曾探究和追問人的「自我」從何而來，目前還沒有一個完整答案。關於自我意識究竟是什麼，《意識的哲學與科學》的作者認為：「每個人都會自覺到自我的存在。被針刺到時會覺得痛，有一個我在痛，而且那個我就是自己。我會感覺到我是所有感覺知覺經驗的中心，我是我的感覺知覺經驗的主體。」根據以上，這個主體其實就是「自我」，它一直都在，但是它究

竟在哪裡、如何存在呢？

如何刷存在感？

　　動畫電影《可可夜總會》中，人在死後如果不被任何在世的家人記得，就會澈底消失在宇宙中，但如果死後還被記得，就能以另一種形式存在。人除了肉體、被記得以外，似乎還有其他方式可以證明自己的存在。

　　勒內·笛卡兒（René Descartes）就提出了一套理論證明自我的存在。由於他是經驗懷疑論者，認為人很容易被自己

的感官所欺騙，所看到的、所聽到的都不一定是真的，因此所有感官所能經驗的東西，都值得懷疑，都有可能不存在，但是唯有一件事無法被質疑，就是「那個正在思考的我」不能被懷疑，因為當正在思考的我都不存在時，則任何事物都不存在。因此他提出了經典理論：「我思故我在」。

　　另外我們的個性、特質、喜好、能力、價值觀、經驗等，都在證明著我們的獨特之處與價值，差別在於你能了解得多少、多深。

066

請用一分鐘自我介紹

　　大部分的人都會用我叫什麼名字、哪裡人、家裡有哪些成員、學校工作為何來開場，但分享完這些角色與背景資訊後，一時之間其實很難說更多。曾有人主張「我們可以了解整個宇宙，就是不能了解自己」，到底要如何了解自己？自我介紹其實就展現了你對自己的認知與看法，這些自我概念的發展，不會憑空出現，而是透過你與他人的互動、在各種經驗的累積中，像鏡子一樣，映照出你如何看待你自己，例如：總是被罵笨的人，可能會介紹自己是什麼都做不好的人；高票當選幹部的人，可能會認為自己是能被他人信任的人；線上遊戲總是無往不利的人，可能會認為自己是神隊友……。

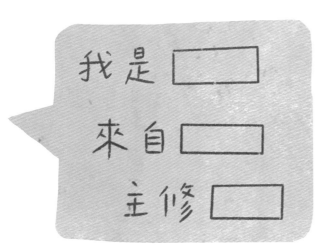

每一個與自己曾互動的人、事、物，都在一點一滴建構自己對自我的看法，而自我觀也會再回頭影響自己待人處事的態度。如果現在的自我觀是正向的，表示過去所累積的一切正幫助自己有更多勇氣去面對生命；如果現在的自我觀是負面的，表示也許自己在過往與人互動、學習成長的過程中充滿了挫敗，以至於以為自己就是如此差勁、無力。但是自我觀是會改變的，只要不放棄探索、追求的機會，接觸的人事物越多、生命經驗越多，重新建構自我觀的機會也會越多。

究竟有幾個我？

　　在家人、同學、朋友、老師、網友、喜歡的人面前，自己都是一樣的狀態嗎？如果都不一樣，代表我是分裂的嗎？其實不然，因為人有很多面向，如此複雜的程度連現今各方的專家都尚未參透，也正因人的變化性、複雜度使人在面對不同環境、階段、角色時，能有不同的因應方式，而這也是自我與他人的不同之處。換句話說，只要自己願意給自己時

間，時時反思對自己的認知與看法，也給自己探索不同領域的機會，無論自我的思想、價值觀、能力、特質、個性……在一生中會產生多少變化，這都屬於自我發展的一部分，因此就算無法完整說出「我是誰」，至少目前已走在認識「我是誰」的路上了。

戴爾・卡內基（Dale Carnegie）：「心靈的成熟過程，是持續不斷的自我發現、自我探尋的過程，除非我們先了解自己否則我們很難去了解別人。」

了解別人再多，都不如了解自己重要，因為只有自己可以真正全面了解自己，自我發現得越深入，對人生可以更踏實、更有安全感，因為你更能知道怎麼走自己的人生路。

請以「我是……」開頭來造5個句子。

請以「我不是……」開頭來造5個句子。

請以「我想成為……」開頭來造5個句子。

請以「我不想變成……」開頭來造5個句子。

如果有機會，請你身邊的同學或朋友用「你是……」開頭造5個句子，來描述他們眼中的你。

最後請你從上面五題，每題各挑一個你最喜歡的句子，看看彼此之間有沒有什麼關聯。

如何安頓心靈？

人生，就是趟單向旅程，人一出生，即是朝向死亡邁進，只能往前，不能回頭重來。在這趟旅程中，我們該去哪兒？在旅途中，會不會有一個讓我們願意不計一切、不求回報而去努力實踐的目標呢？ 同時，在路途上總會遇到挫折、困厄，導致我們產生迷惘、徬徨，此時我們又該如何安頓自己的心靈呢？

青鳥在哪兒？

撰文：范毓麟

聖誕節就要到了，一對善良的小兄妹：奇爾奇爾和米琪兒住在一個經濟窘困的家庭，當他們正在想著今年聖誕老公公會不會帶著禮物來拜訪他們的時候，駝背的巫婆貝希倫出現了，她希望兄妹倆能為了隔壁鄰居女兒的病，前去尋找能帶來安詳並治癒病痛的青鳥。奇爾奇爾和米琪兒接受了巫婆的建議，帶著麵包、方糖、牛奶、水、火、貓與狗，跟守護著他們的光明仙子一起去尋找神祕的青鳥。巫婆也給了他們一顆神奇的鑽石，讓他們能與世界上所有物品對話。

奇爾奇爾和米琪兒去尋找青鳥的旅程漸次展開。他們經過了「回憶之國」、「夜之宮殿」、「動物森林」、「享樂王國」、「幸福花園」和「未來之國」；最初在回憶之國找到的青鳥，在離開回憶之國後就變成黑

色的了；在夜之宮殿所抓到的青鳥，一到宮殿之外就悄然死
亡了。而住在動物森林中的青鳥，則是安穩的受到其餘動物
的保護，讓兩兄妹在森林中吃盡苦頭，空手而歸。接著他們
到達享樂王國，卻因為開心的吃喝玩樂，而忘了尋找青鳥。
之後到了幸福花園，在一間叫「知足」的房間裡，只隱約看
到青鳥拍動的翅膀。最終他們來到未來之國，光明仙子抓住
最後一隻青鳥，然而牠卻在奇爾奇爾和米琪兒回到家門前，
變成了一隻紅鳥。於是兄妹倆只得帶回一只空鳥籠，結束了
他們艱辛又精采的冒險。

神奇的是，在聖誕節清晨醒過來的小兄妹，驚覺家中原本飼養的那隻小鳥，顏色竟然變成青色的了！奇爾奇爾和米琪兒很慷慨的決定將這隻青鳥送給隔壁生病的女孩，當這女孩看到青鳥，病真的好了。此時他們才得知隔壁鄰居的老婆婆原來就是駝背巫婆貝希倫，生病的女孩竟然是沿途守護他們的光明仙子；而青鳥也在這時振翅高飛，不知所終。

幸福與快樂不同

　　這則童話故事是大家耳熟能詳的，奇爾奇爾和米琪兒的奇幻旅程，值得讓我們與生活做連結，並深入思考：在人生的旅途中，我們要追求什麼？奇爾奇爾和米琪兒所追求的「青鳥」，就是我們所謂的「幸福」嗎？

　　在我們生活中，很常聽到「小確幸」這個語彙，引人好奇的是，「小確幸」算得上是幸福嗎？或只是滿足我們一時欲望的快意之感呢？此時我們需要釐清「幸福」與「快樂」的差異，以免自己錯把欲望的追求當成是幸福的達成。

　　法國哲學小說家阿爾貝·卡繆（Albert Camus）曾說：「如果你繼續去尋找幸福是由什麼組成的，那你永遠不會找到幸福。如果你一直在找人生的意義，你永遠不會生活。」由此我們可以知道，幸福不會是空中樓閣般的幻想，唯有透過自己在生活中的具體行動，為自己的生命賦予意義感，幸福感才能產生！

　　因此小兄妹這趟旅程經過許多國度，其實這也在暗示人們，若要尋找幸福，不能只沉湎於過去的美好（回憶之

國），也不能從白日夢般的想像（未來之國）去追尋，更不可能藉由欲望的填補（享樂王國）來找到幸福；縱使幸福伸手可及，我們還是得要面對死亡（夜之宮殿）、困境與無常（動物森林）等問題。

　　不過，小兄妹基於承諾與使命感，即便遇到這麼多挫折，都能想辦法克服，一直到旅途的終點；而旅途中的所有遭遇，都為他們的生命帶來深刻的體驗與意義，也才讓他們察覺原來幸福不在遠方，而在於自己身旁、在於分享。換句話說，在我們生命中必然會遭遇許多困厄與苦難，但是當我們能夠透過意義感把這些苦楚轉化為生命成長的能量，我們就能更接近幸福了！

維克多·弗蘭克（Viktor Emil Frankl）：「不是我們對人生有何指望，而是人生對我們有何指望。我們不該繼續追問生命有何意義，而該認清自己無時無刻不在接受生命的追問。面對這個追問，我們不能以說話和沉思來答覆，而該以正確的行動和行為來答覆。」

人，生來就需要追求意義，只要還有意義要追求，便會克服各種困難活下去，在二次大戰中集中營活下來的人，往往不是身體最強壯的，而是有支撐他們活下去目標的人才能撐到最後，這份意義感，往往帶給我們內心最充實的滿足感，不要被生活的重擔壓到讓你忘了屬於自己的意義。

我們常說祝福人幸福快樂，「幸福」和「快樂」常常被放在一起，甚至被當成同一件事，但兩者似乎還是有所差異，請試著思考幸福和快樂的相同與不同之處，分別是什麼？

幸福和快樂的相同之處：

幸福和快樂的不同之處：

請寫出你對幸福的定義，並列出5件現在擁有並讓你覺得幸福的事情。

例如：幸福＝快樂＋有意義

請列出5件你尚未達到，但將來有可能會達到，並讓你覺得很幸福的事。

例如：全家人一起去環遊世界旅行

請從上題中選一件事，想想看，你可以做什麼讓自己更靠近這份幸福。

譜唱一首生命之歌

撰文：范毓麟、許雯慧

台東非營利組織「孩子的書屋」創辦人陳俊朗（1964-2019），人稱「陳爸」，是台東知本人，高中畢業後就離鄉北上，直到他36歲那年（1999），為了修復和妻兒間的疏離而舉家回鄉。有天他帶著國小的兒子及兒子同學去麵攤吃麵，卻沒想到兒子的同學吃到最後卻吐了出來。陳爸原以為是身體不適所致，但那個同學說：「陳爸爸，我從來沒吃這麼飽過。」他難忘當下的震驚，開口對那孩子說：「有我在的一天，你都不會再挨餓。」

漸漸的，陳爸老家三合院傳出的吉他聲，吸引更多社區遊蕩的孩子，陳爸不只陪伴兒子讀書、運動，連兒子的同學也一起陪。陪著陪著，孩子們愈來愈多，陳爸也聽到更多孩子們的家庭故事。有感於台東資源匱乏，不少家庭功能不彰，熱心的陳爸實在無法置身事外，便路見不平拔刀相助，「只要拔出來，就沒有收回去的理由了。」一頭栽進去就是20年。他將這些孩子看成自己的孩子，從2006年租屋成立第一個孩子的書屋──「建和書屋」，到現在已成立10個書屋，同時照顧350個孩子。

　　陳爸曾說：「讓孩子受委屈的時候、沒飯吃的時候、沒有地方睡、被欺負了可以來，不會的功課我來教！」從最初的課業輔導、玩樂器，到後來加入獨木舟環島、拳擊、射擊、單車等體育活動，目的都是為了給孩子一個溫暖安定的

第二個家，增加孩子的成就感與自信。他曾帶著孩子們蓋自己的教室，搭自己的房子，在社區裡探索自己的職業、學技術。然而中間過程冷暖自知，龐大的開銷把陳爸500萬積蓄花到只剩47元，四處借錢；發不出薪水，但所有員工沒人離開，而是一起吃泡麵挺過來，所幸善款逐漸湧入，書屋才得以持續下去。這些付出得到的並非都是肯定，書屋也曾受到學校、家長的質疑，但靠著陳爸與書屋夥伴們的堅持、不放棄溝通，才得以和社區有更好的連結與互動。

　　陳爸為了這些心頭肉，奔走到生命的最後一刻，他的「子自教、食自耕、衣自織、屋自建、政自理的幸福莊園」的社區圖像，仍持續透過書屋實踐著，將愛無所畏的精神傳遞下去。

什麼事值得廢寢忘食?

　　從陳爸的故事中,你看到陳爸跟這些小孩是什麼關係?你覺得是什麼樣的力量,讓陳爸願意每天為這些小孩籌措吃飯、提供課業和情感支持?而在你的生命經驗裡,有沒有哪一件事情、哪一項活動是可以值得你廢寢忘食,用盡一切力量一定要去做好的呢?

　　陳爸以照顧台東弱勢孩子為使命,透過服務與付出,讓孩子們能夠做到自給自足、找到生活目標的具體改變。陳爸用自己的生命去感動另一個生命,讓越來越多的人能無怨無悔的投入這行列之中,若沒有「終極關懷」的情操,沒有「終極目標」所帶來的意義感,是無法讓這些行動具有感動人的力量,也就無法讓眾人願意投身其中去實踐。

　　「終極關懷」一詞,是由德國

神學家保羅・田立克（Paul Tillich）所提出。田立克認為人常關懷著許多事件，在這些事件中若有一項被人認為是生命中最終極的，人就會竭盡所能以求其實現，即使犧牲自己的生命也在所不惜；而其他次要的事件，都會因為要成就這一個最終極的關懷而被擱置不顧。

就像春秋時期的孔子，他在周遊列國時，遭遇了不少困難，但身旁仍有不少弟子隨行在側，不離不棄。倘若孔子的周遊列國只在於追求他自己的榮華富貴，恐怕在他困於陳、蔡時，身旁的弟子早就逃之夭夭，樹倒猢猻散了；正因為孔子懷有淑世濟民、博施濟眾的王道理想，有這樣「終極關懷」的情操，才讓這群弟子心甘情願的跟隨，陪著老師一起推廣仁義治國的理念。而這正是「終極關懷」為生命所帶來的意義感、感動力，促使孔子和弟子們願意為了「終極目標」（國治、天下平）而不斷克服困難，努力邁進。

因此在我們的生命中，能夠以「終極關懷」的情操去實踐「終極目標」，我們自然就能夠讓自己的每一天都過得充實而有意義。或許，我們還沒有辦法在此時確立自己的「終極目標」，但我們依然可以經由生涯規劃，把自己每一段生命歷程，做有意義的規劃，這樣我們在過日子時，也就不會茫然不知所措。

范仲淹：「先天下之憂而憂，後天下之樂而樂。」

北宋大文豪范仲淹把自己的憂慮跟快樂建立在大多數人民的憂樂上，當人民快樂他就快樂，當人民憂慮他就憂慮，因此他一生致力於做出對他人有益的事情，不但贏得當世與後世的尊敬，也讓自己的一生活得充實無比，精彩萬分。

有哪些人是你想關懷的對象，是親戚、同學、朋友或是社會上需要幫助的弱勢族群？為什麼？

_____

_____

_____

有哪些人是他們只要感到幸福，你也會感到很幸福的？對比一下，跟你在上題的關懷對象有一樣嗎？

_____

_____

_____

對於你最想關懷的對象，你會用什麼樣的方式去關懷他們？

_____

_____

_____

_____

_____

_____

窗外的一抹陽光

撰文：許雯慧

今年高一的茹蘋最喜歡跟爺爺一起在家中做甜點，爺爺在退休前是飯店的甜點主廚，常常趁著做甜點時跟茹蘋討論電視新聞。爺爺告訴茹蘋：「我的年紀已經超過七十歲了，如果有一天會離開這個世界，是很正常的。」茹蘋其實不太喜歡爺爺在做甜點時說這些事情，這讓茹蘋很難受，感覺爺爺隨時會離開這個世界，但爺爺總是會跟茹蘋說：「爺爺好幸福，有茹蘋可以繼承爺爺的好手藝，想爺爺時就可以自己做甜點來吃。」

　「碰！」星期六早上，茹蘋的爺爺在廁所跌倒後昏迷，奶奶匆匆忙忙叫來救護車送到醫院，經過檢查，身體並沒有明顯的外傷，但斷層掃瞄發現肺部有不明陰影，得住院再做進一步檢查。茹蘋的父母正在國外開會，正想著要不要傳簡訊告訴父母時，茹蘋的奶奶安撫茹蘋：「不要緊張，讓他們好好工作，回國時再跟他說吧！」

　星期一下午，茹蘋的父母趕到醫院先給奶奶一個大大的擁抱，奶奶說：「你們不要緊張，爸爸現在人在醫院很安全，沒有什麼大礙，醫生正在做進一步檢查，我們等報告出來再說。」

茹蘋的爺爺住雙人房，進門的一號床是一位年過七十的老先生，茹蘋看到看護正用鼻胃管替老先生餵食，老先生一直發出吞嚥困難的氣聲，兩眼無神盯著天花板看。奶奶昨天跟老先生的太太聊天，原來老先生在十年前突然腦溢血，但因為老先生沒有任何醫病交代，老奶奶不知該如何決定，兒子哭著說要救到底。現在十年過去，人雖然救回來卻也就一直躺在床上不能自理，身體非常虛

弱，季節交替時期更容易發生感染，這次就是因為肺部發炎住院。想到老先生使用鼻胃管十年，茹蘋就感到不忍心。

　　爺爺在醫院住了三天後，醫生來巡房並報告檢查結果，茹蘋的爺爺是肺腺癌末期，而且已經擴散到腦部，情況不太樂觀，家屬可以討論一下是否要進一步進行治療。奶奶聽到之後雖然感到震驚與哀傷，卻也還算理智，倒是茹蘋的爸爸不太能接受這個事實。

　　醫生除了給予手術的醫療建議外，也提供安寧照護的資訊讓茹蘋的家人參考。茹蘋跟他的爸爸不太能接受爺爺可能要離開的事實，但是茹蘋的奶奶認為要以爺爺的意見為主。爺爺很認真的看了相關文件，微微推了一下眼鏡，看向窗外好一陣子，一抹陽光透過紗窗灑落在病床上，靜靜的彷彿一切都不再往前……

學習臨終的重要

　　人只要一出生，就免不了生、老、病、死這四個歷程，中國的吉祥語：「五福臨門」，第五福就是指「善終」。而自古以來，人們對於死亡總是充滿臆測，因為我們只看得到瀕死過程與死後遺體的樣貌，我們無法得知亡者到哪兒去？也無法得知死後的世界是什麼樣子？但唯有認真探討死亡對於生命的衝擊與意義後，我們才能真正體悟「生」的真諦，進而活出有意義的人生。

　　德國哲學家海德格(Martin Heidegger)説：「人是向死的存在。」，但是人們很常忘記死亡隨時在自己身旁，也就忘了生命的有限性，進而做出許多危害自己生命的行為：飆

車、吸毒、聚眾鬥毆……，一直到最後才後悔：「原來生命無法重來」。因此，唯有認真凝視死亡，我們才能讓自己珍惜生命，為自己的生命開展意義。

　　當我們能夠好好活過，自然也要能好好的死，因此要如何善終，就是個重要的議題。臺灣現行的法規諸如《病人自主權利法》、《安寧緩和醫療條例》都賦予病患擁有選擇醫療方式的權利，讓病患可以安心自在的走到生命最後一刻。這些法規的設立，最主要是將病患視為有行為能力、是需要被尊重的「主體」，這打破傳統醫界父權式的思維，讓病患能夠為自己生命做出合宜的醫療抉擇，讓臨終者可以在最後的時刻，好好的向周遭的親友道別，使生死兩安。因此，如何好好活，又該如何好好死，都是我們生命中重要的課題。

陳秀丹醫師：「死亡最深層的意義，就是要讓活著的人活得更好。因此，能夠放下自己是智慧；能夠放下別人是慈悲。」

人權不只是單純的生存權而已，還包含有尊嚴的活著。死亡無法避免，但在生病的過程中，如何讓病人不只是病人，而是一位罹患疾病的「人」，努力保持每個病人的尊嚴，需要專業，還有接納與寬容。

當你所愛的人，生命即將走到盡頭的時候：
你會希望為他做些什麼？

_____

你會希望你們可以「一起」做些什麼？

_____

想像一下，當一個人因為生病必須臥病在床，不能自由行動、需要他人照顧、基本生活作息皆無法自理的時候：

他會有哪些感受？

_____

他失去了什麼？

_____

換個視角，如果是你自己的生命走到盡頭：

你會希望關心你的人為你做什麼？

_____

你會希望關心你的人能跟你「一起」做些什麼？

_____

你會希望關心你的人「不要」為你做些什麼？

_____

假設可以選擇，你會希望自己如何死亡？

時間：_____

地點：_____

死因：_____

死前陪在你身邊的人是誰？

_____

忍辱的智慧

撰文：范毓麟

在日本江戶幕府中期，有一位白隱禪師，為人寬和且博學多聞，深受百姓的愛戴。

有一天，鄰近寺院的一戶人家，發現自己的女兒未婚懷孕，嚴厲的逼問女孩腹中孩子的生父是誰？女孩因恐懼而隨口扯謊，便說白隱禪師就是腹中小孩的父親。女孩的家人一聽，憤怒不已，想不到大家最敬愛的禪師，竟是如此人面獸心。

女孩的家人隨即氣沖沖的去找白隱禪師算帳。白隱禪師聽完後，只淡淡說了一句：「是這樣嗎？」並默默的承受女孩家人的責難與羞辱。

之後，嬰孩一出生，女孩的家人立刻把嬰兒抱到寺院交給白隱禪師，並要白隱禪師負起責任撫養這孩子。此事傳出後，所有的信眾都紛紛指責白隱禪師，禪師的名聲瞬間跌入谷底。

白隱禪師為了照顧這幼小的嬰孩，只能天天去化緣奶汁，在化緣的過程中，到處遭受辱罵與恥笑。一年以後，嬰孩的媽媽實在忍受不了良心的責備，終於向家人坦白嬰孩生父是村外的一個年輕人，自己當時是說謊冤枉白隱禪師。家人在得知真相後慚愧不已，立即去向白隱禪師道歉賠罪，並請求他的寬恕，將嬰孩接回撫養。

　　白隱禪師在把孩子送還給他們時，仍舊只輕輕的說了一句：「是這樣嗎？」

自我修練的好處

　　是什麼樣的力量讓白隱禪師能夠忍辱？又是什麼樣的力量能夠讓禪師在真相大白之後，坦然寬恕對方？那正是宗教的力量與自我的修練。白隱禪師為了保全少女與孩子，代人受過，受盡冷嘲熱諷；最後大家發現他沒錯而稱讚他時，他一點也不在意。這樣毀譽無動於衷的修練，以及保護他人的慈悲，都是宗教所帶給禪師的力量。

　　不只是佛教如此，基督宗教中也有許多類似的例子。《回家》這部紀錄片，記載了從殺人到救人的歷程。影片中受害者家屬杜明花女士是虔誠的基督徒，她透過不斷的禱告，與上帝對話，找到了寬恕殺人凶手的力量，進而以宗教的力量去感化死刑犯湯明雄，讓他能為自己所犯下的罪過誠心懺悔、向受害家屬贖罪。杜明花女士透過宗教的力量，讓自己脫離仇恨的束縛，還拯救了這名罪人的心靈。

　　在我們生活中，有許多地方都受到宗教信仰的影響，特別是在遇到重大災禍時，我們都可以看到宗教信仰為人群所帶來的安定力量：建立或維持人們的理性與凝聚感、為災難

痛苦提供意義，讓受苦的人得以承受。不僅如此，宗教信仰更提供了善惡的道德觀，讓人們相信「人在做，天在看」、「邪不勝正」，於是各種善念、美德以及正義的行為，才能普遍實踐於世間。

　　透過宗教信仰來修養靈性，可以幫助我們提升自己的生命境界，讓我們的生活更自主、更自由。像基督宗教透過愛德、去除私欲偏情，幫助我們生命更新與成長；佛教以戒、定、慧三學，讓我們解苦得樂，成就自在與圓滿。而白隱禪師正是用宗教信仰的修為，斷開俗世對他的各種讚譽、抨擊，讓自己的心依舊保持自在安定。

實踐手札

　　池田大作：「救濟『不幸』的人是真實的宗教。能夠轉換『悲慘』二字為『幸福』二字的，是活的宗教。」

　　寬恕與忍辱都需要把自己所受到的痛苦跟想反彈的衝動壓抑下去，若沒有信仰或良好的人生觀做支撐，很容易就走不下去，甚至做出傷害他人傷害自己的行為；悲慘或許不一定每次都能轉換成幸福，但至少我們可以試著不要因為悲慘的事件，而失去我們內在最好的一面。

你覺得自己的修養或在與人相處上，態度有什麼樣的特質？請勾選。
　　□耐心
　　□溫和
　　□有話直說
　　□有同理心
　　□願意幫助別人
　　□其他：_____

回想一下，最近一次你被傷害冒犯或者誤解冤枉的時候，你是什麼反應？請勾選。
　　□馬上找當事人對質
　　□跟周圍的人訴苦

□在社群網站發文抱怨
□自己躲到角落生悶氣
□反擊報復回去
□寫日記抒發難過的心情
□其他：_____

當你被人傷害或誤解的時候，什麼情況下你會選擇忍讓，硬把怒氣壓下去？

例如：對方是師長或者你沒機會解釋

想想那些傷害你、冒犯你的人，請假設自己就是他：
列出他對你不好的行為：

設想他欺負自己的原因：

針對上題我們做一個反思，你覺得如果對方很快樂，還會在相處上對你傷害冒犯嗎？

堅持美善不容易

道德信念，不只存在偉大的聖哲身上，也能在平凡生命中體現。只是遇到價值衝突時，一般人不容易堅持擇善行對。

令人怦然心動的美麗事物，不只存在絢麗華貴之中，也存在尋常生活中。保有一顆溫暖善感的心靈，隱藏在人間的精彩與優雅便得以被看見。

魔戒的誘惑

撰文：顏映帆

柏拉圖在《共和國》書裡，寫了一個寓言故事：

公元前七世紀，小亞細亞地區有個為利底亞國王工作的牧羊人，名叫蓋吉斯。某天，蓋吉斯牧羊時，遇到狂風暴雨，接著一場大地震使地表出現一個大洞，蓋吉斯不慎摔落洞中。在地洞中，蓋吉斯看到一隻巨大的中空銅馬，他好奇的走進銅馬中，發現一具屍體，這具屍體的手上戴了一枚金戒指，蓋吉斯取下這枚戒指離開地洞回到地面。

蓋吉斯戴著這枚金戒指參加牧羊人的例會，向國王報告羊群的狀況。會議中，蓋吉斯把玩戒指，無意中轉動戒指的戒台，這時會議中其他的牧羊人在談到他的時候，都以為蓋吉斯已先行離開了，他驚覺到原來這枚戒指具有能讓人隱形

的魔力。蓋吉斯反覆試驗，發現轉動戒台會使他隱形，反轉則能從隱形中現形。

　　擁有隱形戒指的蓋吉斯，起了歹念，開始策劃用戒指引誘皇后，接著謀殺國王，奪取王位。登上王位的蓋吉斯，想擴充自己的勢力及版圖，向外出征，最後兵敗而亡。

電擊陌生人

時間來到1969年，社會心理學家菲利普·津巴多(Philip George Zimbardo)進行了一項實驗。他將一群大學生分為兩組，請A組的學生穿著大袍將自己從頭到腳包住，不露臉。組內的成員互相不認識，不知道彼此姓名、來歷，任務的說明和操作都在暗室中進行。而B組則是要學生穿著自己平常的裝扮，胸前掛上大名牌寫上自己的真實姓名，在正式進行任務之前，會自我介紹，彼此認識。

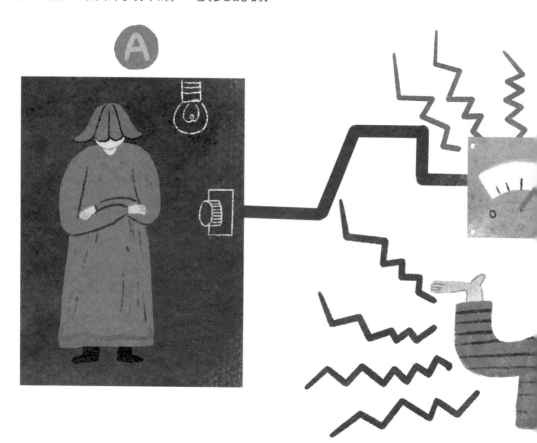

「不認識彼此、不露臉」的A組和「認識彼此、露臉」的B組都要執行相同的任務：當外表言行令人喜歡或令人討厭的人物甲（A、B兩組皆不認識的陌生人）回答問題錯誤時，A、B兩組的組員要給予人物甲電擊處罰。

　　電擊分兩階段進行。當電擊進行到第一階段尾聲時，人物甲會異常痛苦，甚至掙脫電擊設備，隨後又會再被研究人員重新綁上電擊設備，繼續進行第二階段的電擊（人物甲其實是事先安排的演員，演出被電擊的效果，並非實際被電擊）。A、B兩種組別的參與者是以團體方式進行任務，但無須對話、討論，皆是自己控制個別的電擊鈕，自主決定給予人物甲電擊時間的長短。

這個實驗的結果是，不論是第一階段還是第二階段的電擊，不論是對外表言行令人討厭還是令人喜歡的人物甲，「不認識彼此、不露臉」組的電擊量都是「認識彼此、露臉」組的兩倍左右。

　　走出故事情境，沒有人在看你時，你會不會闖紅燈？穿著制服和沒穿制服時，亂丟垃圾、讓座的機率相同嗎？在異鄉旅行時的言行會異於平常的自己嗎？這些情境都指向一個人在所屬的社群中、在他人的眼光中承受著一定程度的道德期許，期待你做出正確、良善、「應所為」的言行。而一旦離開了所屬群體，擺脫了道德期許，個人似乎就會容易恣意妄為，所以在菲利普·津巴多(Philip George Zimbardo)的實驗中，比起互相認識的組員，互不認識、不露臉的組員，更會「痛下毒手」電擊陌生人。

　「應所為」是積極的道德期許，「不當為」是消極的道德壓力，兩者都約束、規範了人的言行。而這種約束是否真的皆源自於外人的眼光或法律規定？若你是蓋吉斯，隻身進入地洞，四下無人，你會拿走屍體上的金戒指嗎？如果會，你怕不怕「舉頭三尺有神明」？如果不會，是不是因為「舉頭三尺有神明」？

我們可以將舉頭三尺的神明視為外在無常的懲戒力量，之所以稱為無常，是因為偶有「好人不長命，禍害遺千年」的感嘆。那如果不會被處罰，不見得有報應，我們為什麼還要遵守道德規範？我們言行的依歸能不能不靠仰望舉頭三尺之處，而是低頭探問自己內在的良心：人類為何要以道德束縛自己，為什麼不能為所欲為？更深切的叩問是，若人性本善，還需要道德嗎？

　　俗話說：「人不為己，天誅地滅」，但人性並非全然自私的，我們也許比較關注於自己需求的滿足，而容易忽略他人的感受或需求。但有時，體會到別人的快樂，自己也會覺得自在、幸福。人的理性可以讓我們基於自己的自由意志，選擇自己的言行表現。讓座會讓自己疲累，但能讓孕婦安穩的到達目的地；闖紅燈也許省時，但理性上可以權衡危險性和省時之間的利弊得失。參考康德的看法，能對抗利己本性的就是良心，依良心的行動就是道德行為，我們依據良心的舉止會讓我們「良心」安、「理性」得，最終還是利己。磨練自己的理性，探問自己的良心，建立自己的行為規範，才能讓我們活得心安理得。

113

康德（Immanuel Kant）：「**在我頭上是浩瀚的星空；在我心中是道德的法則。**」

人要依據什麼標準而活？康德是依照心中的道德法則而活，這是輕鬆的嗎？如果是依照「本性」或「良心」而活，又有什麼不同呢？很多時候危害他人看起來好像一時得利，但到最後往往要付出代價。讓我們來看一個挑戰善與惡距離的傳奇心理學實驗。

史丹佛監獄實驗

這個實驗是由美國心理學家津巴多所領導的研究小組，在1971年所進行的一項關於權威與惡行的實驗。研究小組在當地報紙招募願意參與研究的志願者，每位志願者每天可領15美元的報酬(相當於2020年的95美元)。經過一系列心理健康評估，有24名被認為非常健康、正常的學生錄取。實驗地點位於史丹佛大學心理系大樓的模擬監獄；研究人員將志願者隨機分派成為「囚犯」或「守衛」的角色，各占一半，其他模擬監獄的「職員」則包括「獄長」津巴多和他的學生，令人意外的是，所有的志願者很快都進入自己的角色，甚至在第二天囚犯們就發起一場暴動，而守衛們也認真

處罰囚犯，雙方嚴重對立，場面完全失控。

實驗原本預定為期兩週，但在第6天便宣告結束。根據津巴多的説法，主要原因有兩個：一、研究人員透過錄影發現(志願者們皆不知道實驗過程有在錄影)，某些「守衛」會在半夜加劇虐待「囚犯」，因為他們覺得沒有研究人員在場監督；二、另一位心理學家馬斯拉克（Christina Maslach）到場跟志願者面談，面談後，她要求實驗中止，並且強烈質疑實驗是否合乎道德。

這個實驗結果，被不少人引用來説明人類行為受環境影響，甚至會嚴重扭曲、傷害他人，出現在不少心理學入門的教科書上，甚至被拍成電影。

你覺得這個實驗有什麼道德上的問題？

為什麼參加實驗的人都知道彼此僅是「角色扮演」，卻在實驗中假戲真作？

你覺得這個實驗刻畫出了人性哪些特質？

如果你是當中扮演囚犯或守衛的學生，當對方沒有遵守規則向你發出挑戰(例如：囚犯辱罵守衛或是守衛懲罰囚犯)，這個時候你會選擇怎麼做？

如果你是囚犯：

_____

_____

如果你是守衛：

_____

_____

如果你是津巴多博士本人：

_____

_____

你覺得自己在什麼條件下，最容易做出平常不會做的事？請勾選。

☐不必承擔責任

☐沒有人會知道

☐有風險，但有巨大利益

☐心情非常暴躁的時候

☐有人鼓勵你去做原本你不會去做的事時

☐其他：
_____
_____

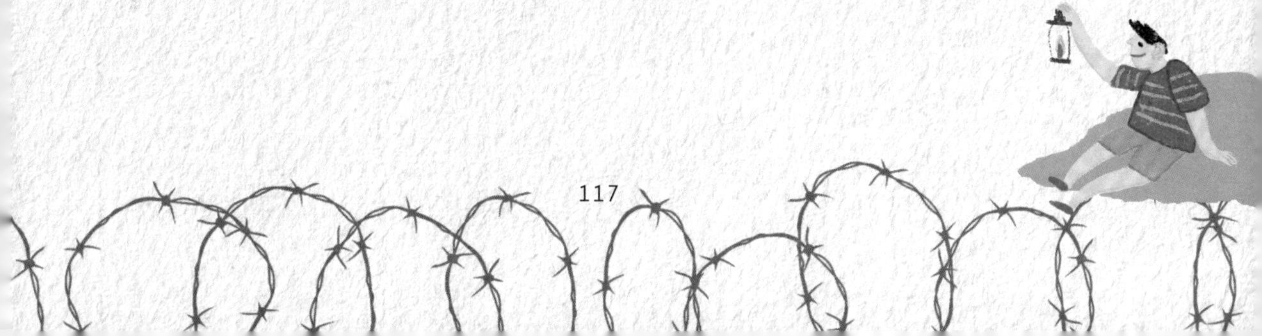

史官之死

撰文：李鎮如

春秋時，齊莊公是個好色無德的君王，崔杼是輔佐齊莊公登基的重臣，崔杼的妻子棠姜則是著名的大美女。齊莊公見識棠姜的美貌後，多次利用分派工作的理由，支開崔杼，去他家調戲他的妻子。得意之餘，還把崔杼家中的帽子，賞給別人，使他和棠姜私會的事迅速流傳開來。這對一個重臣來說，是極大的侮辱。

知道這件事情後，崔杼非常生氣。從此不斷暗中找機會想一雪自己「戴綠帽」的憤恨。而齊莊公手下有個宦官名叫賈舉，這個人曾被齊莊公鞭打過，雖懷恨在心，但仍然待在他的身邊，崔杼便藉此找機會討好賈舉，對齊莊公懷恨在心的兩人，果然一拍即合。由於賈舉是齊莊公身邊的親信，可以很輕易的掌握他的行蹤，從中替崔杼找尋殺死齊莊公的時機。

不久，齊莊公設宴招待自鄰國來訪的國君黎比公。崔杼見報仇機會就在眼下，開始著手精心策劃一場捉姦弒君的計謀。他先謊稱自己生病無法赴宴，齊莊公果然以探病為由，早早離開宴席，僅帶上幾個侍衛，急忙趕到崔杼府中要與棠姜私會。抵達後，他留下護衛固守在屋外等候，便逕自走進臥房，殊不知棠姜閉門不見的原因，正是丈夫即在身旁。遲遲未見到棠姜的齊莊公，甚至情不自禁的在門外吟誦起情歌。就在棠姜終於緩緩打開房門時，崔杼一聲令下，士兵們一擁而上，將齊莊公及屋外的隨從護衛等人當場殺害。

事件發生後，齊國的史官太史伯秉筆直書：「崔杼弒其君。」如實的記錄了這件事情。其中「弒」字，寓含了對於崔杼「以下犯上」的貶責之意。崔杼當然不願在歷史上留下這樣的惡名，就命令太史伯不許寫得那麼「直白」，要求修改。但太史伯堅持照事實來寫，不肯修改。崔杼一怒之下便殺了太史伯。

　　春秋時代很多職業是世襲制，往往是子承父業，弟承兄業。殺了太史伯後，崔杼威脅他的大弟篡改史實，太史伯的大弟秉持史官天職，堅持如實記錄，毅然攤開竹簡直書：「夏五月，崔杼弒其君。」因此也被殺害，太史伯的三弟也因相同理由遭遇不測。

　　最後，崔杼將太史伯最小的弟弟太史季召來，威脅他說：「你的三個哥哥因為不聽從我的命令，所以被殺，你若不願改寫史書，也會落得跟他們一樣的下場。勸你最好還是識相一點，將齊莊公的死因寫為病死吧！」沒想到，太史季卻面不改色的回答：「據事直書，史氏之職也。失職而生，不如死。你所做的不義之事，遲早會被天下人所知道，即使我不寫，也無法掩蓋你的罪責，反而會因此成為千古笑柄。」崔杼最後明白，自己無論殺多少史官，也掩蓋不了自己弒君的事實，只好釋放太史季，任由自己弒君罪行留在史書中。

在此同時，鄰國另一個史官南史氏抱著竹簡等在宮外。原來，南史氏聽說崔杼已經殺了齊國多個史官，怕史官家再有人被殺，真相會被埋沒，因此帶著竹簡跟筆墨趕到齊國，準備接替齊國史官來記錄這個弒君事件。後來聽說崔杼沒有再殺史官了，才放心的離開。

危及性命的正義

　　古代史官為維護真相犧牲生命，在倫理學上已是「超義務」的道德表現——是固然會受到讚揚卻未必人人必須做到的行為。崔杼為了掩蓋自己以下犯上的事實，連殺史官以封天下之口，可那前仆後繼的史官兄弟對歷史「真相」的重視，是冒殺身之禍也在所不惜的！那一身不畏生死負責盡職的文人氣節，使得權臣崔杼也不得不感嘆於他們的風骨而最終屈服，任由他在史書中評說自己，而沒有再殺害太史季。於是，「秉筆直書，齊之良史」傳誦千古。

　　在現代生活中，依然存在許多面臨道德價值抉擇的處境。一旦選擇沉默或無所作為，便可能在無形中成為禍害的幫凶，進而影響眾人。新型冠狀肺炎的吹哨人李文亮醫師，秉持專業在第一時間向醫界提出警告；許多戰地記者，不惜身家安危報導前線的悲慘實況。他們都在惡劣的條件下，堅守著職業倫理，守護了公義。

　　朋友作弊，你是否會顧及情分而知情不報？獲知不熟的同學遭到霸凌，你是否能不計後果挺身而出？聽到一面倒的

偏頗言論時，你是否有捍衛公正觀點的勇氣？你曾為了堅持信念而得罪朋友或有所犧牲嗎？如果有人羞侮、背叛，或對你做出不公不義的事時，你會如何因應處理？面對死亡，你是否也能義無反顧選擇守護正義的一方呢？

　　「疾風知勁草」、「時窮節乃見」，人們在關鍵時刻能否抗拒誘惑、無畏權勢、不怕威脅、不惜代價，堅持辨別是非、善惡、忠奸、正邪，作出合乎正義的選擇，是千古一樣重要的道德課題。希望大家都能以良史為借鏡，在必要的時刻，堅持正確的信念與價值。

魯迅：「一個人的生命是可寶貴的，但是一代的真理更可寶貴，生命犧牲了而真理昭然於天下，這死是值得的。」

有些人立志完成某些美好的價值，有些人則追求生活舒適平順，你認為哪種人生會比較精彩？其實這些問題沒有標準答案，但我們內心對人生往往有更多期待，希望為一個比自我更高的目標或價值而活，就如同故事中的史官家族們一樣，他們不滿足於妥協存活，而是願意用生命去留給後人歷史的真相，這樣的勇氣是值得我們尊敬的。

想像一個電影常見的場景，一輛大卡車快要撞到一個人，你就站在旁邊：

這個人是誰，才會讓你願意衝過去推開他？請勾選。
　　☐親人
　　☐好朋友
　　☐愛慕的人
　　☐認識的鄰居
　　☐陌生的帥哥或美女
　　☐陌生中年大叔或大嬸
　　☐其他：＿＿＿＿＿＿＿＿＿＿＿＿＿＿

假設只有以下兩種結局：

● 你救了這個人，但你「一定」會被車撞到，請問你的答案會改變嗎？

● 你救了這個人，但你「不一定」會被車撞到，請問你的答案會改變嗎？

請問有什麼目標是你覺得，就算非常辛苦，也要堅持到底完成的？
例如：登山客攻頂是非常辛苦甚至冒險、海軍陸戰隊為了完成訓練爬過天堂路

_____

_____

_____

有什麼事情是你覺得是錯的，在生活當中一定不會去做的？又有什麼事情你覺得是對的，一定要堅持而不能退讓？

_____

_____

_____

康家的豆腐乳

撰文：馮珍芝

章詒和的父親章伯鈞在文革期間，因受政治鬥爭，被撤職並遭軟禁，全家被迫搬離舒適寬敞的四合院，只能到緊挨大門邊上的傳達室和警衛室棲身。然而紅衛兵依舊多次夜半無預警的來抄家洗劫，讓章父擔心二十多歲獨生女兒章詒和的安危，於是安排她住進康同璧、羅儀鳳母女家中。

畢業於美國哈佛大學的康同璧，是清末政治改革家康有為的二女兒，也是民國初期婦女運動的重要領導人物，頗受當局的禮遇和重視。當時已經八十多歲的康同璧，因敬重章父的學問、人品，無懼於當時人人自危的政治氛圍，主動結識章家，並時常往訪，在物資匱乏的年代，不時提供章家糧票、糖票、布票，讓落難的章家人相當感動。

康家母女熱情而溫暖的收容章詒和，在康同璧的堅持下，章父原本說好的「僅宿不食」，變成了「只吃早餐」。

暫時寄人籬下的章詒和，記錄了當時每日與康家母女共進早餐的景況：「每人一碗稀飯，桌子當中上的是一碟炸小銀魚，一碟豆腐乳，一盤烤得兩面黃的薄薄饅頭片。兩塊油糕，單放在一個小瓷盤裡。康老對我說：『和從前不一樣了，現在我家吃得很簡單。不過，銀魚下稀飯，豆腐乳抹饅頭也還是好吃的。』她邊說邊挑了一片烤饅頭遞給我。在吃過薄薄的饅頭片後，老人又吃了一塊油糕。羅儀鳳指著另一塊油糕，說：『這是給妳的。』我有禮貌的謝絕了。」

習慣於早餐喝牛奶、吃雞蛋的章詒和，對於康家早餐桌上的簡單食物有些詫異。後來詢問長年寄居康家的一位上海小姐，才知道，其實文革前，康家的早餐桌上也是很齊備的，有蛋有奶，有麵包黃油，有水果肉鬆。然而文革開始，康家僑居海外的兒子不能再寄外匯來，羅儀鳳又沒有工作收入，單靠康老在文史館掛名的微薄工資度日，家裡開銷緊縮，只得如此。

　　在康家住了一段時日，章詒和覺得康家的早餐其實也很不錯，尤其是豆腐乳，第一天的味道，似乎與第二天的不同，第二天又與第三天相異。她把這個味覺感受告訴了羅儀鳳，羅儀鳳很是開心，但沒有多說什麼。

　　某天早餐後，章詒和受羅儀鳳之託幫忙買豆腐乳，她連忙答應下來，立刻準備出門，卻被羅儀鳳攔了下來。羅儀鳳除了交代章詒和一定得在城裡那家向陽豆腐乳專賣店購買外，還轉身入裡屋，拿出六個很漂亮的外國巧克力鐵盒交給章詒和，又從上衣口袋掏出一張便簽。章詒和接過一看，大吃一驚。原來便簽上面排列著各種各樣、形形色色的豆腐乳名稱：王致和腐乳、廣東腐乳、紹興腐乳、玫瑰腐乳、蝦子

腐乳……羅儀鳳慎重其事的告訴章詒和：「每種豆腐乳買二十塊，一種豆腐乳放進一個鐵盒，千萬不能搞混了。還有買的時候一定向售貨員多要些豆腐乳汁，因為用豆腐乳的湯汁抹饅頭，最好。」

　　羅儀鳳還叮嚀她：「豆腐乳買好後，回家的這一趟路，才是最累的。因為六個鐵盒子一定要平端著走，否則，所有湯汁都要流出來。為了減輕累的感覺，你一路上可以想點快樂的事情。端鐵盒走路一定要挺胸，如果彎腰駝背的走路，你會越走越累。」羅儀鳳說完，捧起裝著鐵盒的布袋，昂首挺胸的繞著餐桌走了一圈。章詒和覺得羅儀鳳的示範姿勢、

表情，活像是手托銀盤穿梭於巴黎五星級酒店餐館的女侍，神采飛揚。

　　順利買回豆腐乳的歸途中，章詒和依著叮嚀，一路想著快樂的事情，而且保持精神抖擻，器宇軒昂。冬天溫暖的太陽，籠照著她的全身。沉浸在陽光中的她，一下子全懂了：雖然人生充滿著種種逆境跟委屈，有時連想活出正常生活的樣子都不容易，但是仍要盡其可能的保留審美的人生態度和精緻的生活藝術。想通了這層道理，章詒和開心的看著手裡捧著的鐵盒豆腐乳說：「難怪康家的簡單早餐，那麼好吃！」

（改寫自香港牛津大學出版社《最後的貴族》作者：章詒和）

苦難中的生活美

　　日常生活中，種種人事物無不存在著美。有些人努力用心去感受，讓美感經驗不斷擴充或延伸，並對這些表現美好的人事物認真思考，使它們內化成自己生命裡重要的信念或價值，形成個人獨特的生活美學。日後，人生即使遭遇了折磨苦難，這些人依然活得從容豁達、瀟灑自在。

　　章詒和一家人，在文革期間被歸為大右派，在政治迫害之下，從權力中心的明星變成人人喊打的過街老鼠，所有親友避章家人唯恐不及。但是，無親無故的康氏母女，卻在危難中仍願意伸出人道援手，幫助章家度過艱困時期。而在日常生活中，即使物資窘迫，康家依然努力把日子過得有滋有味，就算是尋常不起眼的豆腐乳，也要賦予它豐富美好的想像，讓買的人、用餐的人有更藝術化的感受。這些能將日常生活美學化的人，常常在歷史長流中，揮灑出一道道美麗動人的光芒，這也就是為什麼章詒和會在自己的回憶錄中，稱康氏母女為真正的貴族。

羅丹：「這世界不缺乏美，只是缺少發現。」

美麗的人、事、物常常隱藏在平凡的生活中，跨年的煙火當然絢麗，但晴天的白雲也是充滿奇幻的美麗。當心情很糟糕時，試著把注意力放在這些平常未曾注意的美上，往往可以舒緩不平靜的內在，慢慢找回祥和的心情。

回想一件令你心情跌入谷底或是暴跳如雷的事情，後來你是怎麼平復你的心情呢？

_____

_____

_____

對事情的看法往往可以影響一個人的心情，想像你今天遇到一件很糟糕的事情（例如：考試落榜、失戀……），請問你會怎麼改變看法來改善心情呢？

_____

_____

_____

生活中有沒有哪些平凡的事物，是讓你覺得美麗的？這些事物可以是實體(例如：花草木樹、狗狗……)；也可以是虛擬的(例如：插畫、動漫)；可以是任何感官的(視覺、聽覺、觸覺……)，只要是你可以在生活中輕易接觸到的都算。

_____

_____

_____

回想看看，生活中有沒有因為接觸美麗的事物，讓你的心情變得很好的經驗？如果沒有，試著想像一下，你可能會接觸到什麼美麗的事物，而讓你覺得心情很好？

_____

_____

_____

忠於自己的抉擇

靈性是生命中相當重要但常被忽略的部分，
靈性修養幫助我們在認識自己及回應為什麼
而活之後，能夠知行合一，並且忠於自己的
價值選擇，在生活中實踐生命意義。

我們身處平順時，常忽略了自覺和省察；面
對誘惑試探時，卻又常猶豫不安。靈性修養
幫助我們練習成為身心靈合一之人，讓我們
一起加入靈性修養的行列吧！

八風吹不動，一屁打過江

撰文：錢雅婷

北宋的大文豪蘇東坡，本身是位佛教徒。當他被貶到黃州時，與一江之隔的金山寺高僧佛印禪師為好友，兩個人常聚在一起討論佛法。有一天，蘇東坡寫了一首〈讚佛偈〉，寫完後自己吟詠再三，覺得相當滿意，於是立刻派書僮專程送去金山寺請佛印指教。佛印打開信，只見上頭寫著：

「稽首天中天，毫光照大千。八風吹不動，端坐紫金蓮。」

蘇東坡這首〈讚佛偈〉，表面上看似「讚佛」，實際上卻是在炫耀自己已經到了世間榮辱都無法撼動的境界。不過佛印

138

看完只是笑一笑，然後在末尾寫了個「屁」字，請書僮再送還給蘇東坡。

蘇東坡原以為佛印會對自己寫的偈言讚不絕口，怎知開信一瞧，當場怒不可遏，「豈有此理！」馬上叫書僮備船渡江，要親自找佛印理論。就在他怒氣沖沖的趕到金山寺時，卻見深鎖的寺門上貼著一張紙條，上頭寫：「八風吹不動，一屁打過江。」蘇東坡看了不禁暗自感到慚愧……。

超越情緒的旋風

　　「八風」是佛教用語，指的是我們容易被八種外在現象影響、困擾、刺激或誘惑，這八種現象包括四種順境：稱、譽、利、樂，和四種逆境：譏、毀、衰、苦。

　　你是否也常會被「八風」順逆的旋風吹得團團轉？如果有人在人前或人後稱讚你，你會不會忍不住感到得意，甚至是忘形？如果有人在人前或人後毀謗你，你會不會忍不住有股怒氣上來，甚至想衝去找對方理論？故事中的蘇東坡，就是被佛印的「譏風」所吹動，而失去了心的平靜。

　　一般人很容易認為「逆境」才會動搖心境，「順境」就沒什麼關係，其實人在順境中也會耗損心力，因為內心依然是不平靜的。當我們對每個當下保持自覺，就會發現我們的心情、想法會被生活中的種種境遇牽引攪動，這時，我們就需要用靈性修養，一種定的功夫，不執著於我的需要、我的欲望，而能始終保持平靜的心。

　　靈性修養可以幫助我們，從覺察自己的情緒和需要開始，唯有先看見，才能進一步思考，這樣活的樣態是我要的

嗎？讓自己從生活的波瀾再度回復到平靜的狀態，才能往自己真正想要追求的幸福靠近。我們每個人都不完美，但透過靈性自覺，推動我們在每天的生活中自我檢視與修正，超越自己現在的狀態，如此活著才更有意思、更有價值。

老子：「知人者智，自知者明。勝人者有力，自勝者強。」

情緒往往比我們的想法、思考跑得更快，遇到很多事情，我們內心第一個產生的都是情緒，因此認識自己的情緒、觀察自己的情緒是非常重要的。觀察情緒並不單是為了控制情緒，而是透過情緒更了解自己的個性跟特質，讓自己更懂得如何在生活中活得自在、從容。

請用一個字，來代表你這禮拜的狀況或感受，並說明原因。

☐

回想看看，最近有什麼事情曾經讓你理智線斷掉，或是覺得非常厭世？請用一句話描述當時的心情。

_____

_____

_____

當你處在情緒低谷時，會做些什麼？你做的事情有讓你變得比較平靜嗎？

_____

_____

_____

藉由以上的回顧，你覺得有何值得感恩或慶幸之處？如果可以重來，讓局面變得更好，你會有怎樣的改變？

_____

_____

_____

老鐵匠的紫砂壺

撰文：錢雅婷

從前，有一位老鐵匠住在老街上的一間鐵匠鋪裡。由於現在已經越來越少人需要打製鐵器，老鐵匠便以改賣鐵鍋、鍊子和斧頭維生。開店時，老鐵匠會將商品擺在門外，自己坐在門內顧著，他從不吆喝宣傳或接受客人的討價還價，就連到了晚上也不收攤。人們經過鐵匠鋪的時候，經常會看到老鐵匠坐在竹椅上躺著，手裡拿著收音機，身旁擺著一把紫砂壺。鐵匠鋪的生意不好也不壞，老鐵匠因為年紀大了，平時沒有太多物質需求，每天的收入只要足夠溫飽三餐，這樣的生活就讓他非常的滿足了。

某日，有位古董商經過老街，偶然看到老鐵匠身旁的那把紫砂壺。因為那把紫砂壺古樸典雅，紫黑如墨，有著清代製壺名家戴振公所製的風格。古董商忍不住走向老鐵匠的身旁，輕輕的端起紫砂壺仔細觀察，正看得入迷時，古董商在壺嘴內發現可以證明是戴振公所製的獨特印記，這使得他驚

喜不已。因為戴振公在世界各地享有盛譽，據説他的作品僅存三件於世：一件在美國紐約州立博物館；一件在臺灣的故宮博物院；還有一件是菲律賓某位華僑在1993年的倫敦拍賣會上，以四十六萬美元高價買下的。

　　古董商立刻開口向老鐵匠提出想以十萬元的價格買下紫砂壺的請求，老鐵匠聽到後先是嚇了一跳，想一想還是拒絕了，畢竟這是爺爺留傳下來的紫砂壺，他們祖孫三代過去在打鐵時，都喝這把壺倒出來的水。雖然沒將紫砂壺賣出，但自從商人離開後，老鐵匠卻經歷了有生以來的第一次失眠。過去他都是閉著眼睛把茶壺放在小桌上，清幽的躺在椅子上喝水，現在他不時會忍不住坐起來看一眼紫砂壺。這把陪伴了他六十年的紫砂壺，老鐵匠一直以為只是一把再普通不過

的茶壺，怎麼也沒想到會有人出十萬元的高價想將它買下，這件事讓他想不透，一時轉不過神來。最讓老鐵匠無法容忍的是，街坊鄰居們在聽說鐵匠鋪裡有一把價值連城的茶壺後，紛紛前來打聽，每個人都好奇的不斷向他追問手邊還有沒有其他寶貝，有的人甚至開始向他借錢，還有人趁著夜晚想闖進鐵匠鋪裡。老鐵匠的生活已經被這把紫砂壺澈底打亂了，他不知道未來究竟該如何面對這把茶壺。

　　過沒幾天，古董商再度登門拜訪老鐵匠，這次他帶著二十萬元的現金，希望能買下那把紫砂壺。而老鐵匠再也忍受不了，他招來老街上的人們和街坊鄰居，接著拾起一把斧頭，當著眾人的面前把那把價值連城的紫砂壺給砸個粉碎。現在，老鐵匠依然守著鐵匠鋪，賣著鐵鍋、鍊子和斧頭，據說他今年已經一百零二歲了。

以行動破除誘惑

倘若你是故事中的老鐵匠，面對十萬元、二十萬元的開價，你會心動嗎？你會如何回應古董商？你會怎麼處理那把紫砂壺呢？

故事中的老鐵匠發現古董商開價十萬元後，他的心動搖了，他發現自己再也無法像過往一般自在的躺在竹椅上，瞇眼做生意，連他周遭的人，也跟著浮現貪念。老鐵匠意識到，這把他用了六十年的壺，已從原本單純喝茶的工具，變成了值錢的身外之物，若要免去紛擾，回到原本平靜的生活，就必須放下。當他清楚知道自己真正想要的是什麼，就不再只是坐在那邊想，而是起身拿起斧頭，將那把紫砂壺砸了個粉碎，以實際的行動破除誘惑，重新回到內外一致的和諧平靜狀態。

很多時候我們也因著外在的境遇，深陷於欲望和情緒中，就像失眠的老鐵匠一樣，非常不自在！以外在的誘惑為例，貪吃、貪睡、貪財、貪色、貪名……，都常常出現在生活中。基督教中的「七罪宗」：傲慢、貪婪、色慾、嫉妒、暴食、憤怒及怠惰，以及佛教裡的「三毒」：貪、嗔、痴，都將貪婪列在其中。儒家也提醒我們要「戒之在得」。

　　靈性修養讓我們能對自己的狀態有所自覺，釐清自己真正想要追求的價值與人生，並且採取實際的行動，達成知行合一與人格統整。當我們能在生活中持續的操練與實踐，破除自己的私欲偏情，時時檢視修正，就是走在靈性修養的道路上。

王陽明：「未有知而不行者。知而不行，只是未知。」

在知與行的關係上，強調要知，更要行，知中有行，行中有知，所謂「知行合一」，二者互為表裡，不可分離。知必然要表現為行，不行則不能算真知。知行合一的重要，是人在「學習、思辨、篤行」的整合功夫。

如同故事中的老鐵匠，他知道自己並不是追求更優渥的物質生活，而是要一個平靜安穩的晚年，因此在面對干擾他目標的誘惑——名貴的紫砂壺，他選擇忠於自己的目標，過程中免不了掙扎，但相信這位老鐵匠對自己最後的決定絕不後悔。

你現在有沒有想要完成的目標？已經開始努力了嗎？如何準備？

_____

_____

有什麼人是你非常敬佩或崇拜的，希望自己可以跟他一樣呢？

他為什麼吸引你：

_____

你想跟他一樣完成怎樣的目標：

_____

如果你是故事中的老鐵匠，你會做什麼樣的選擇？請勾選。

□ 照樣砸掉紫砂壺

□ 接受古董商的價錢，把紫砂壺賣給他

□ 跟古董商討價還價，要求更高的價錢

□ 其他：＿＿＿＿＿＿＿＿＿＿＿＿＿＿＿＿＿＿＿

假設老鐵匠最後決定高價把紫砂壺賣掉，獲得一大筆意外之財，想像一下，這會給他帶來什麼樣的正面跟負面的影響呢？

正面影響：
＿＿＿＿＿＿＿＿＿＿＿＿＿＿＿＿＿＿＿＿＿
＿＿＿＿＿＿＿＿＿＿＿＿＿＿＿＿＿＿＿＿＿

負面影響：
＿＿＿＿＿＿＿＿＿＿＿＿＿＿＿＿＿＿＿＿＿
＿＿＿＿＿＿＿＿＿＿＿＿＿＿＿＿＿＿＿＿＿

魔鬼的誘惑

撰文：陳海珊

有個木匠的兒子，有一天決定離開日常的生活圈，到荒野中默想，度過40天不吃任何食物的日子。

40天過去了，有一個魔鬼發現他的飢餓狀態，前來誘惑：「我可以給你能力，讓石頭變成麵包，你要不要？」木匠的兒子真的很餓，但在身體匱乏時，仍感知到生命中除了食物之外，還有更高的價值。所以他回應魔鬼說：「人能好好的活著，不能只靠麵包。」

魔鬼再次出現，指著山下的繁榮城市說：「這一切權勢與富貴都是歸我管的，你只要願意朝拜我，這一切就都是你的了。」木匠的兒子看了看，平靜的回答說：「我是有信仰的人，我只朝拜我的神，而且唯獨信仰祂。我不會因為權勢跟富貴而出賣自己，甚至忘了我是誰。」再一次拒絕魔鬼的誘惑。

最後，魔鬼引誘木匠兒子到高塔，說：「好，既然你說你相信神，就證明神是跟你站在一起的！你若從這裡跳下去，神一定

會派天使守護你，不讓你受傷。」木匠兒子雖然虛弱，但卻堅定的回答：「我不會為了證明什麼而試探我的主，我的神。」

　　魔鬼的試探完全失敗，但魔鬼不放棄，打算以後再找機會來誘惑他。這名木匠的兒子就是耶穌。

生命中的魔鬼

　　人的生理需求顯示出動物的本能，但人又不只是動物，因為人擁有理智、意志與靈性。當我們只讓自己滿足於物欲和情欲，就會遠離了靈性。人若能注意到自己有靈性的部分，並且時時修養，就會使人更像「人」。

　　這篇故事改寫自《聖經》，耶穌是人，所以也會本能的飢餓。但耶穌也有與神性相通的靈性。耶穌選擇一個人去荒涼的地方生活，為的就是鍛鍊自己的靈性。而當他肚子餓的時候，魔鬼就來了……。

真正聖經故事中，魔鬼給了耶穌三個誘惑。

第一個誘惑：生理需求的滿足。食物，是為了滿足人的基本生理需求。在極度飢餓時，為了吃，什麼都可以做。這也是人受試探的原因之一。在聖經故事中，魔鬼告訴耶穌：「既然你是神的兒子，就命令石頭變成麵包吧！」但耶穌克服本能的欲求，選擇持續操練自己的靈性。其實，在我們周遭也有許多類似的引誘：是否要為五斗米折腰？是否為了填飽肚子而出賣靈魂？是否為了生存，和親友反目成仇？耶穌回答魔鬼：「人的生存不僅是靠食物。」正是對我們的一大提醒。

　　第二個誘惑：名利權勢的追求。人滿足了生理需求後，就會想要進一步追求名利權勢。當人位於高處，就可觀看世界，能掌握更多權勢；當人有了權勢地位時，就可擁有財富，實現成就感。人以為有了權力就可呼風喚雨，掌握一切，殊不知，人是何等渺小脆弱。我們的生命猶如天空的一片雲彩，今天還在，明天就不知去向。所以人要懂得追求靈性的生命。

　　第三個誘惑：自我的放大。聖經中魔鬼對耶穌說：「你說你是神的兒子，你證明啊！」這就像是在我們的生活中常

面臨到的挑釁，有些人要我們證明「自己是誰」，當我們急於證明自己是誰時，容易忘了人的有限性。但最重要的是我們自己要知道自己是誰，而不用證明給別人看。高塔最高處代表最接近神的地方，象徵地位崇高、權力無限，也最易引人自滿驕傲，自以為能控制生命。當我們把對生命的認識放在自我強大的控制欲中，完全以自我為中心，而忘了謙卑，就是對靈性修養的重大考驗。

　　面對這些生命中時不時出現的誘惑，你打算如何回應？

泰戈爾：「人與動物真正的區別，在於他內在的、無形的力量和價值。」

人的大腦比所有生物的大腦都要複雜，人的社會也是地球上最複雜的，在《聖經》的觀點：人是唯一按照上帝形象的受造物，不管從各種方面來看，人都是非常特別的，更特別的是每個人都獨一無二，因此發揮出內在的力量與價值，就是我們生而為人的使命。

我們都能理解人有感性跟理性，對於人內心還有所謂的「靈性」會覺得比較抽象，你認為「靈性」是什麼呢？跟感性、理性有什麼不同？

_____

_____

你認為什麼是誘惑？以下幾個答案僅供參考，試著提出自己的見解吧！

一時的享樂快感，但之後會帶來傷害(例如：毒品)

會讓自己分心，無法專注在目標上(例如：讀書時不斷震動的手機)

會使自己做出違背良知的事(例如：新聞事件中的政府官員收賄)

_____

_____

在你目前的生活中，有遇到什麼誘惑嗎？參考下面的例子，試著分享自己的經驗跟感受。

電動、3C產品

昂貴的服裝或鞋子

甜點與手搖飲

_____

_____

_____

你會運用什麼方法來抵抗誘惑？靈性能幫助你面對誘惑嗎？

_____

_____

_____

你覺得自己有什麼獨一無二的價值或潛力？周遭的人認為你有什麼很棒的特質？每個人一定都有獨特的天賦，你希望自己怎麼發揮這些天賦？

_____

_____

_____

國家圖書館出版品預行編目資料

如果生命是一則故事/社團法人台灣生命教育學會、
國立臺灣大學生命教育研發育成中心著；蔡豫寧繪.
-- 初版. -- 臺北市：幼獅, 2020.11
面； 公分. --（散文館：041）

ISBN 978-986-449-205-3(平裝)

1.生命教育 2.俗通作品

528.59   109013438

散文館041

如果生命是一則故事

策　　　劃＝社團法人台灣生命教育學會
　　　　　　國立臺灣大學生命教育研發育成中心
主　　編＝范毓麟
繪　　者＝蔡豫寧
出 版 者＝幼獅文化事業股份有限公司
發 行 人＝李鍾桂
總 經 理＝王華金
總 編 輯＝林碧琪
主　　編＝韓桂蘭
編　　輯＝謝杏旻 廖冠濱
美術編輯＝李祥銘
總 公 司＝10045臺北市重慶南路1段66-1號3樓
電　　話＝(02)2311-2832
傳　　真＝(02)2311-5368
郵政劃撥＝00033368

印　　刷＝錦龍印刷實業股份有限公司   幼獅樂讀網
定　　價＝360元   http://www.youth.com.tw
港　　幣＝120元   e-mail:customer@youth.com.tw
初　　版＝2020.11   幼獅購物網
二　　刷＝2021.01   http://shopping.youth.com.tw/
書　　號＝986291

行政院新聞局核准登記證局版臺業字第0143號